내 말이
곧 커리어가 된다

내 말이 곧 커리어가 된다

초판 1쇄 발행 2025년 10월 13일

지은이   신경원
발행인   강재영
발행처   애플씨드
출판사   등록일 2021년 8월 31일 (제2022-000065호)
이메일   appleseedbook@naver.com

기획 편집   이승욱
표지 디자인   김지홍
본문 디자인   코스모스
마케팅   이인철
CTP출력 인쇄 제본 (주)성신미디어
ISBN   979-11-990729-6-1 (03320)

블로그   https://blog.naver.com/appleseed__
페이스북   https://www.facebook.com/AppleSeedBook
인스타그램   https://www.instagram.com/appleseed_book/

애플씨드는 성장과 성공을 돕는 소중한 씨앗이 될 수 있는 원고를 기다립니다.
appleseedbook@naver.com

내말이곧 커리어가 된다

함께 일하고 싶은
일잘러의 센스 만렙 대화법

신경원 지음

애플씨드
APPLE SEED

일 잘하는 사람은 어떻게 말할까?

이 질문은 강의와 코칭 현장에서 가장 많이 듣는 말이다. 기업에서 가장 많이 요청받는 강의 주제도 '일 잘하는 사람의 대화법'이다. 2시간 동안 쉼 없이 강의를 해도 "시간이 너무 짧았다."는 피드백이 돌아오고, 한 달간 코칭을 해도 더 해야 할 이야기가 남는다.

그래서 이 책을 쓰게 되었다. 시간의 한계로 다 전하지 못한, 일 잘하는 사람의 말하기 비밀을 이 한 권에 담았다.

누구를 위한 책인가?

이 책은 말 한마디로 성과를 바꾸는 '현장 밀착형 대화법

매뉴얼'이다.

보고를 더 설득력 있게 하고 싶은 시니어부터
말로 방향을 이끄는 리더까지.
회의에서 자신 있게 말하고 싶은 팀원부터
협업과 피드백에서 균형을 잡고 싶은 팀장까지.

일의 성패는 '무엇을 하느냐'와 더불어 '어떻게 말하느냐'
로 결정된다.

어떤 상황에서 말이 어려울까?

직장인들과 상담을 하다 보면 이런 고민을 자주 듣는다.

"상사한테 말실수할까 봐 불안해요."
"고객의 말을 계속 들어주다 보니, 끌려다니는 것 같아요."
"동료가 말을 잘 못 알아듣고, 엉뚱한 일을 해서 답답해요."

결국 이렇게 묻는다.
"일 잘하는 사람은 도대체 어떻게 말하나요?"

일잘러와 일못러는 어떻게 다를까?

일 못하는 사람의 말하기는 다음과 같다.

잘 듣지 않고,
질문하지 않으며,
요점을 흐리는 말투에,
하고 싶은 말을 한다.

특히 마지막 문장이 중요하다. 많은 사람이 '나는 아닌데?'라고 생각하겠지만, 사실 대부분 '하고 싶은 말'을 하며 산다.

일 잘하는 사람은 '하고 싶은 말'이 아니라 '해야 할 말'을 한다. 상대가 이해할 수 있는 말, 더 나아가 상대가 듣고 싶은 말을 한다. 대화의 기준은 내 입장이 아니라, 듣는 사람의 입장이다. 그 차이가 일의 과정과 결과를 다르게 한다.

일잘러는 어떻게 말할까?

일잘러의 대화법 4가지 특징은 이렇다.

상내의 말을 먼저 잘 듣고,

타이밍을 놓치지 않고 질문하며,

군더더기 없이 핵심을 전달하고,

상대가 이해하도록 구체적으로 표현한다

이 네 가지를 갖춘 사람은 많이 설명하지 않아도 신뢰를 얻고, 애써 설득하지 않아도 상대가 따른다.

말이 그렇게 중요할까?

말은 감정 표현이자, 관계의 기술이며, 결과를 만드는 도구다. 어느 날 강의가 끝난 후, 10년 차 직장인이 조용히 말했다.

"저는 설득을 잘 못해요. 대부분 상대 의견에 따릅니다. 어떻게 해야 할까요?"

그는 직장 생활도, 인생도 수동적으로 살아왔다고 고백했다.

많은 사람이 '말하기'를 타고난 재능이나 성격의 문제로 여긴다. 하지만 말을 잘한다는 건 유창함을 뜻하지 않는다. 말하기는 리더나 특정 직무에만 필요한 능력이 아니다. 회의에서 의견을 전달할 때, 보고를 할 때, 피드백을 할 때, 협업을 조율할 때, 면접에서 자신을 표현할 때, 모든 순간은 결국 말로 결정된다.

그럼에도 사람들은 '설득이 어렵다', '어떻게 말할지 모르겠다'라는 이유로 말하기를 시도조차 하지 않는다. 그 결과, 기회를 놓치고, 실력보다 낮은 평가를 받으며, 일보다 관계에 지쳐간다.

결국, 말이 내 몸값을 만든다

나는 취업, 승진, 이직을 거치며 원하는 커리어를 차곡차곡 쌓아 왔다. 국내 중견 기업에서 시작해 글로벌 기업 팀장 자리에 오르며 커리어우먼으로 살았지만, 잘 들여다보면 말로 인한 손해도 적지 않았다. 하고 싶은 말을 하지 못해 끌려다닌 적도 있고, 반대로 꺼낸 말이 서툴러 오해를 산 적도 있다.

15년간 사업을 하며 내 경험을 바탕으로, 수많은 직장인·프리랜서·사업가를 가까이에서 지켜보았다. 그 과정을 통해 확인하게 되었다. 커리어의 성패를 가르는 결정적인 기술은 '말하기'라는 사실을.

보고, 회의, 협업, 협상, 영업, 면접 등 모든 순간에는

듣고→ 묻고→ 핵심을 짚고→ 말의 흐름을 만드는 기술이 필요하다.

그렇게 쌓인 말로 관계를 맺고, 성과를 내며, 결국 내 몸값을 결정한다.

이제, 말은 생존력이다

이 책은 말하기의 전략부터 기술까지 모두 담았다. '어떤 말을 할 것인가'와 '어떻게 말할 것인가' 사이에서 막연했던 고민을 실제 상황별로 풀어 준다.

- 보고·미팅에서 신뢰를 얻는 말하기
- 협업·피드백에서 갈등을 줄이는 대화법
- 설득·협상에서 원하는 결과를 이끄는 설계법
- 평판과 연봉을 바꾸는 말 습관까지

AI가 우리의 일을 대신하는 시대, 설득하고 신뢰를 얻는 힘은 여전히 '말하기'에서 나온다. 따라서 대화 능력은 더는 선택이 아니라 생존의 기술이다. 이 책은 말하기를 바꾸고

커리어의 흐름을 탄탄하게 만드는 강력한 실전 매뉴얼이 될 것이다. 단, 이 책을 머리로만 이해하려 해서는 안 된다. 소리 내어 예시 문장을 따라 하고, 대화가 막히는 순간마다 비법서처럼 펼쳐 보자. 그 문장들이 머리가 아닌, 혀끝과 온몸에 새겨지는 체화의 과정이 반드시 필요하다. 그렇게 반복하다 보면, 책의 문장이 '나의 말'이 되어 입에서 자연스럽게 흘러나오는 순간을 맞이하게 될 것이다.

1장

대화의 시작

왜 듣기만 잘해도 절반은 성공일까?

01

✦

잘 듣는 사람이 말 잘하는 사람을 이긴다

✦

✦

나는 첫 직장에서 법인 고객사를 지원하는 업무를 맡게 되었지만, 사회생활에 대한 준비는 부족했다. '시키는 일만 겨우 해내는' 눈치 없는 신입 사원이었다. 어느 날, 상사가 중요한 고객과의 저녁 자리에 나를 동석시켰다. "그냥 식사만 하면 돼."라는 말에, 나는 정말 말없이 식사에만 집중했다. 고급 양곱창집에서 상사가 시키는 대로 조용히 앉아 식사를 마쳤고, 그날 이후 상사는 더는 나를 그런 자리에 데려가지 않았다. 접대 자리에서 말없이 앉아 있는 팀원을 굳이 다시 부를 이유가 없었던 것이다.

그렇게 사회적 눈치는 부족했지만, 그 시절 내가 잘했던 것이 하나 있다. 바로 '시키는 일을 정확하게 해내는 능력'이다. 그 덕분에 상사들로부터 신뢰를 얻었고, 퇴사를 고민하던 때에는 부서장이 직접 만류하기도 했다.

여기서 중요한 교훈이 있다. '시키는 일을 잘했다'라는 말은 결국 '잘 들었다'라는 뜻이다. 다시 말해 일의 시작은 말하기가 아니라, 듣기에서 출발한다. 그리고 나는 운 좋게도, 말하는 것보다 듣는 데 강점이 있었다.

귀로 듣는 사람, 마음으로 듣는 사람 : 경청 레벨 4단계

듣기는 의지만으로 되는 일이 아니다. 나 역시 그랬다. 상황에 따라 듣기의 깊이는 달라졌고, 이는 결과에도 큰 영향을 미쳤다. 왜 그럴까? 듣기에도 레벨이 있기 때문이다.

레벨 1: 듣는 척하지만, 실은 딴생각 중. 결국 엉뚱한 반응을 한다.
레벨 2: 말은 들었지만, 깊이가 없다. 대답은 빠르나 핵심은 놓친다.

레벨 3: 문제 해결을 위한 듣기. 사람들이 대부분 여기에 머문다.

레벨 4: 마음으로 듣는다. 감정과 숨은 뜻까지 읽어 내는 경청의 고수.

예시를 통해 자세히 살펴보자. 업무의 어려움을 토로하는 팀원과의 대화 상황이다.

팀원: "팀장님, A 프로젝트 때문에 너무 힘드네요. 클라이언트가 계속 요구 사항을 바꾸는데, 일정은 그대로라서 도저히 맞출 수가 없을 것 같아요. 정말 막막합니다."

레벨 1: "아, A 프로젝트…. 그거 중요한데. 아, 오후 3시에 회의 있는 거 잊지 마세요."

레벨 2: "어휴, 클라이언트가 또 그랬군요. 힘들겠지만… 음, 잘 넘겨야죠. 파이팅이에요."

레벨 3: "클라이언트가 변경한 요구 사항이 정확히 뭐죠? 며칠 정도 더 있으면 해결할 수 있을 것 같아요?"

레벨 4: "요구 사항은 계속 바뀌는데 일정은 그대로라니… 정말 힘들겠네요. 어떤 부분이 제일 부담돼요? 내가 뭘 도와 주면 좋겠어요?"

이렇게 같은 상황에서도 듣기의 수준에 따라 다른 반응이 나온다. 이러한 듣기의 수준은 직급, 나이, 경력과는 아무 상관이 없다. 똑 부러지게 일하는 신입, 군더더기 없는 실무자, 존경받는 리더가 모두 레벨 4의 경청자일 수 있다. 나 역시 상황에 따라 레벨 4에 도달하기도 하고, 다시 3으로 내려오기도 했다. 중요한 것은 지금 나의 듣기 레벨을 인식하는 것이다. 듣기가 제대로 안 되는 순간, 놓치는 것도 많다. 실수, 오해, 손해, 기회 손실. 말은 지나가지만, 듣기의 실패는 오래 남는다. 그래서 잘 듣는 사람은 늘 기회를 선점한다.

잘 듣는 것은 아무나 못 하는 고급 기술이다

어린 시절, 나는 말을 잘하지 못했다. 그래서 자연스럽게 '듣는 사람'이 되었고, 그 능력은 내 인생 전반에 걸쳐 든든한 기반이 되었다. 신입 사원 시절에도, 사업을 시작할 때도, 중요한 순간마다 나를 지켜준 건 화려한 말이 아니라 묵묵히 듣는 힘이었다. 미국의 소설가 크리스토퍼 몰리는 이렇게 말했다.

"말을 잘하는 사람이 되기 위한 규칙은 단 하나뿐입니다. 듣는 법을 배우십시오."

말하기보다 듣기에 자신 있다면, 기뻐해도 좋다. 듣기는 누구나 시도할 수 있지만, 끝까지 잘 해내기는 어려운 '고급 기술'이다. 잘 들을 줄 아는 사람은 남들이 갖지 못한 강력한 경쟁력을 갖춘 셈이다.

듣기 능력 관찰하고 기록하기

듣기 습관을 파악하기 위해, 다음 예시를 참고하여 솔직하게 작성해 보자.

[예시] 팀 회의에서 나의 듣는 습관을 관찰함

1. 정말로 듣고 있는가?

듣는 척하고 있었다. 머릿속으로는 다음에 할 말을 생각하거나, 상대방 주장의 허점을 찾고 있었다.

2. 어떤 상황에서 잘 듣고, 어떤 순간에 집중이 흐트러지는가?

- 잘 듣는 순간: 상사가 말할 때 (놓치면 안 되니까)
- 집중이 흐트러지는 순간: 익숙한 주제가 나왔을 때 ('이미 아는 내용'이라고 생각하고 결론을 예측해 버림)

3. 듣기가 잘되지 않는 이유는 무엇이며, 그로 인해 어떤 손해를 보고 있는가?

- 이유: 대화를 빨리 끝내고 싶은 조급함과 해결책을 먼저 제시해야 한다는 강박 때문
- 손해: 사소한 오해로 같은 질문을 반복하게 되어 시간을 낭비함

나의 기록 ✏️

1. 상황은?

----

2. 정말로 잘 듣고 있었는가?

----

3. 어떤 상왕에서 잘 듣고, 어떤 순간에 집중이 흐트러지는가?

----

4. 듣기가 잘되지 않는 이유는 무엇이며, 그로 인해 어떤 손해를 보고 있는가?

02

경청 근육을 키우는 3단계 훈련

일잘러들은 안다. 듣는 능력은 성격이나 배려심의 문제가 아니라, 훈련으로 길러지는 기술이라는 사실을. 근육이 반복 훈련을 통해 자라듯, 귀도 의식적인 연습으로 민감해진다. 하지만 처음부터 모든 대화에서 완벽하게 듣겠다는 것은 헬스장 첫날 200kg 벤치프레스를 들려는 것과 같다. 진짜 고수는 경청 타임을 정하고, 그 시간만큼은 온전히 듣기 훈련에 집중한다. 바로 이것이 평범한 귀를 백만 불짜리 귀로 만드는 '경청 근육 훈련'이다.

경청 근육 진단하기

효과적인 경청 훈련법을 적용하기에 앞서, 먼저 현재 나의 경청 근육이 어느 정도 수준인지 진단해 볼 필요가 있다. 이는 운동 전, 인바디를 측정하는 것과 같다. 아래 15가지 항목을 통해 경청 상태를 점검해 보자. '그런 편이다'에 해당하는 개수를 확인하면 된다.

☐ 내 마음대로 쉽게 결론을 내리고, 다른 사람의 말을 잘못 듣는다.

☐ 다른 사람의 말을 들을 때, 머리가 멍해지는 경우가 있다.

☐ 다른 사람의 말을 들을 때, 기록을 하지 않는다.

☐ 내가 싫어하는 사람이 말하면, 아예 듣고 싶지 않다.

☐ 말하는 사람의 표현 방식이 마음에 들지 않으면, 듣고 싶지 않다.

☐ 내가 다음에 말할 내용을 생각하느라 상대방의 말을 흘려듣는다.

☐ 내가 먼저 말하고 싶어서 상대방의 말을 끊는다.

☐ 대화에 흥미가 없고, 듣는 것 자체를 별로 좋아하지 않는다.

☐ 상대방의 의견이 나와 다르면, 듣고 싶지 않다.

☐ 상대방이 말할 때 이해가 되지 않는 부분이 있어도 적극적으로 물어보지 않는다.

□ 상대방의 목소리(발음, 톤, 억양, 속도 등)가 불편하면 지적하거나 가리키려고 한다.

□ 상대방의 이야기가 나의 경험과 연결되지 않으면, 상대방의 말에 집중하기 어렵다.

□ 상대방이 말하는 속도가 빠르거나 느리면, 상대방의 말을 잘 이해하지 못한다.

□ 감정적으로 스트레스를 받거나 피곤한 경우, 다른 사람의 말을 잘 듣지 못한다.

□ 상대방의 말이 지루하거나 복잡하다고 느끼면, 집중력을 잃는다.

자가 진단 결과가 어떤가? 3개 이하라면 경청의 고수이다. 4~7개라면 대체로 잘 듣지만, 가끔 집중이 흐트러진다. 8~11개라면 상대의 말을 자주 놓치고, 오해가 생길 가능성이 크다. 12개 이상이라면, 대화 중에 거의 듣고 있지 못하고 있다고 봐야 한다.

강의 중 이 진단을 하면 이런 반응이 많다. "회사에선 잘 되는데, 집에서는 힘들어요." "동료와는 괜찮은데 상사 앞에선 잘 안 돼요."

왜 그럴까? 경청을 방해하는 요소가 사람마다, 상황마다 다르기 때문이다. 경청 능력은 고정된 성향이 아니라, 맥락에 따라 달라지는 유연한 기술이다. 그래서 어떤 상황에서 누구와 대화하느냐에 따라 경청의 질도 달라질 수밖에 없다.

자신의 경청 상태를 파악했다면, 이제는 훈련으로 강화할 차례다.

경청 근육을 키우는 3단계 훈련

운동처럼 경청 훈련도 가벼운 단계에서 시작해 점차 강도를 높여 나가야 한다. 자신의 현재 레벨에 맞춰 아래 3단계 계획을 따라 해 보자.

1단계: 가벼운 상황에서 감각 깨우기

가장 난도가 낮은 단계. 감정적인 부담이나 중요한 결정이 없는 편안한 상황을 경청 타임으로 설정한다. 이 단계의 목표는 내 생각을 멈추고 상대의 말을 듣는 감각을 익히는 것이다.

예: 동료와의 점심시간 15분, 친구와의 전화 통화, 퇴근 후 가족과의
대화

2단계: 중요한 상황에서 집중력 높이기

업무 상황이나 평소 대화가 어려웠던 상대로 훈련의 장을 옮긴다. 이 단계에서는 다음에 할 말을 생각하는 습관을 멈추고, 상대의 말을 듣는 것에 집중하는 연습을 한다.

예: 상사와의 일대일 미팅, 팀 회의 시간, 클라이언트와의 미팅

3단계: 모든 상황에서 경청 내재화하기

경청이 자연스러운 습관이 되도록 모든 대화로 확대하는 단계다. 상대가 하는 말의 내용뿐 아니라, 그 말에 담긴 의도와 감정까지 읽어 내는 진짜 경청의 고수가 되는 단계이다.

경청 타임의 효과를 극대화하는 5가지 행동 지침

경청 훈련할 준비가 되었다면 경청 타임을 시작해 보자. 경

청 타임에는 아래 5가지 행동을 의식적으로 실천해야 한다.

1. 눈을 보고 귀로만 듣기

상대의 눈을 바라보고, 오직 상대가 무슨 말을 하는지에만 모든 신경을 집중한다. 머릿속에 불쑥 떠오르는 생각들, '아, 그건 내 생각과 다른데', '이따가 이 말을 꼭 해야지'와 같은 말풍선을 잠시 옆으로 밀어 둔다.

2. 끼어들지 않기

상대의 말이 완전히 끝날 때까지 기다린다. 중간에 끊고 싶은 충동, 질문하고 싶은 욕구를 의식적으로 자제한다.

3. 공감 표현하기

고개를 끄덕이거나, 상대의 감정을 그대로 읽어 주는 짧은 추임새를 넣는다.

(고개를 끄덕이며) "아, 그랬군요."

4. 명료화 질문하기

이해가 잘 안 될 때는 추측하는 대신 직접 질문한다. 단, '왜?'라는 공격적인 질문 대신, 설명을 요청하는 방식으로 물어야 한다.

"왜 그렇게 생각해요?"
→ "제가 정확히 이해했는지 확인하고 싶은데, 조금 더 자세히 설명해 주실 수 있나요?"

5. 대화 복기하기

경청 타임이 끝난 후 혼자 대화를 되짚어 보는 시간이다. 상대가 말하고자 한 핵심은 무엇이었는지, 나는 얼마나 귀를 기울였는지, 어떤 생각 때문에 흐름을 놓쳤는지 등을 짧게 메모해 보자. 글 쓰는 과정은 자신의 경청 습관을 객관적으로 보게 만든다.

'그냥 들으면 되지, 뭘 이렇게 복잡하게 연습까지 하나?'라는 생각이 드는가? 세상에 쉽게 얻어지는 귀한 것은 없다. 경청 능력이야말로 설득과 협상은 물론, 모든 인간관계의 행복을 좌우하는 가장 귀한 기술이다.

일상의 모든 순간에 완벽하게 경청하지 못한다고 해도 반드시 경청해야 할 순간이 있다. 그 순간을 놓치지 않기 위해서 경청 타임 10분 훈련부터 시작하자. 이 작은 훈련이 쌓일 때, 일과 관계에서 압도적인 우위를 점하게 될 것이다.

03

✦

평범한 아이디어를 위대한 현실로 바꾸는
5단계 질문법

✦

✦

알베르트 아인슈타인은 이렇게 말했다.

"만약 내게 문제를 해결할 시간이 한 시간 주어진다면, 55분은 올바른 질문을 찾는 데 쓰고, 나머지 5분은 답을 찾는 데 쓰겠다."

세계 최고의 천재는 문제 해결의 95%가 '제대로 된 질문'에 달려 있다고 봤다. 우리는 인생이라는 문제 앞에서 종종 길을 잃는다. 방향을 몰라서도, 능력이 부족해서도 아니다. 진짜 이유는 자신에게 제대로 된 질문을 던지지 못하기 때문이다. 평범한 아이디어를 위대한 현실로 바꾸는 질문이 있다. 나는 이 질문을 단계별로 정리해 '드림 – 빌딩 5단계 질문법'이라 부른다.

상상하고, 명분 찾고, 핵심 찌르기 – 아이디어를 깨우는 전반전

모든 위대한 발견은 처음 세 개의 질문에서 시작된다. 이 단계는 잠재력을 깨우고, 나아갈 방향을 명확하게 만든다.

1단계 질문: "만약… 라면?" (상상력의 스위치)

이 질문은 현실의 제약을 지우고 가능성의 우주를 연다. 에어비앤비 창업자는 "만약 우리 아파트 거실을 빌려준다면?"이라는 질문으로 숙박 공유 서비스를 만들었고, J.K. 롤링은 "만약 마법사들이 다니는 학교가 있다면?"이라는 질문으로 『해리 포터』를 탄생시켰다.

"만약 우리 팀의 내년 매출이 10배가 된다면, 어떤 일이 벌어질까?"

"만약 내가 지금처럼 산다면 5년 후에 어떻게 될까?"

2단계 질문: "왜 하는가?" (설득의 엔진)

이 질문은 행동의 이유와 명분을 찾게 한다. 세계적인 경영 사상가 사이먼 사이넥이 말했듯, 사람들은 '무엇What'이 아니라 '왜Why'에 움직인다. 스스로 '왜'라는 질문에 답할 수 있을 때, 목표는 추상적인 꿈에서 강력한 신념이 된다.

"왜 우리는 이 프로젝트를 하려고 하는가?"

"그 일의 목적은 무엇이며, 어떤 가치가 있을까?"

3단계 질문: "가장 중요한 한 가지는?" (생산성의 조준경)

이 질문은 에너지를 가장 중요한 곳에 집중시킨다. 파레토 법칙에 따르면, 모든 일의 80% 성과는 20%의 핵심적인 노력에서 나온다. 이 질문은 수많은 할 일 목록 중에서 바로 그 20%를 정확히 조준하게 만든다.

"우리 팀의 매출 10배 목표를 위해, 지금 집중해야 할 중요한 한 가지는 무엇인가?"

"내 인생의 목표를 이루기 위해, 지금부터 5년간 가장 중요한 한 가지는 무엇인가?"

한계를 부수고, 즉시 실행하기 – 현실로 만드는 후반전

아이디어가 아무리 훌륭해도 실행하지 않으면 망상일 뿐이다. 마지막 두 개의 질문은 망상가에서 행동가로 변신시킨다.

4단계 질문: "나라고 왜 안 돼?" (한계 파괴자)

이 질문은 스스로 만든 불가능이라는 감옥의 문을 부순다. 내가 외국계 기업으로 이직할 때, 사업을 시작할 때, 작가에 도전할 때, 늘 스펙이 부족했다. 주변에서 "어렵지 않겠어?"라고 말할 때, '이미 해낸 사람들이 있는데 나라고 왜 안 돼?'라는 질문으로 결국 해내게 됐다. 성공과 실패의 차이는 능력이 아니라, 이 질문을 던질 수 있는 용기에 있다.

"그 팀도 어려운 프로젝트를 수주했는데 우리 팀이라고 왜 안 되겠어?"

"그 친구도 승진했는데 나라고 왜 안 되겠어?

5단계 질문: "지금 당장 할 일은?" (실행의 시동키)

궁극의 질문이다. 앞선 네 개의 질문은 모두 이 마지막 질문에 답하기 위한 과정이다. 책을 수백 권 읽어도 인생이 바뀌지 않는 이유는, 마지막에 이 질문을 던지지 않기 때문이다. 지금 당장 할 수 있는 가장 작고 구체적인 행동을 찾아내는 것, 그것이 모든 변화의 시작이다.

"그렇다면, 팀의 성과를 위해 우리가 당장 해야 할 일은 무엇인가?"

"그렇다면, 내 꿈을 이루기 위해 지금 당장 해야 할 첫 번째 행동은 무엇인가?"

과거 일과 육아 사이에서 번아웃까지 갔을 때, 일을 그만두고 싶었다. 그때 이 5단계 질문을 통해 내 인생의 방향키를 다시 잡을 수 있었다.

(만약 사업을 그만두면 어떻게 될까?) 5년 뒤 후회할 것 같다.

(왜 사업을 그만두려고 해?) 몸이 힘들고, 아이와 더 많은 시간을 보내고 싶어서.

(지금 가장 중요한 것은?) 일을 지속하고, 아이와 더 많은 시간을 보내는 것.

(왜 안 돼?) 다른 워킹맘들도 해낸다. 나라고 못 할 것 없다.

(지금 당장 할 일?) 사업 성장보다 안정적 유지로 목표를 바꾸자. 인력을 줄이고, 주 4일 근무를 도입해 아이와 보낼 시간을 확보하자.

이 질문과 답의 과정을 통해 나는 사업을 지키고, 아이와의 시간도 얻었으며, 결국 작가라는 새로운 꿈에 첫걸음을 뗄 수 있었다. 한 수강생도 이 질문법을 통해 '자동차 기술을 배워 미국에서 창업하겠다'라는 꿈을 현실로 만들었다. 인생의 방향은 스스로 자신에게 던지는 질문 하나로 결정된다.

04

대화를 살리는 질문, 대화를 죽이는 질문

K 팀장은 두 팀원에게 기획서를 제출하라고 지시했다.

"급하진 않지만, 최대한 빨리해 주세요."

같은 지시를 받은 신 사원은 1일 후에, 김 사원은 3일 후에 제출했다. 누가 인정을 받고, 누가 지적을 받았을까? 강의 때 이 질문을 던지면, 정답을 맞히는 경우는 드물다. 사실두 사람 모두 지적을 받았다. K 팀장은 각 사원에게 이렇게말했다.

"신 사원, 더 급한 일이 있는데 왜 이것부터 했어요?"

"김 사원, 최대한 빨리하라고 했는데 왜 이제야 제출한 거예요?"

왜 이런 상황이 생길까? 애초에 명확하지 않은 지시에 대해 질문하지 않았기 때문이다. 두 사람이 이렇게 물었다면 어땠을까?

"혹시 구체적인 마감 일정이 있을까요?"

"다른 업무와 비교했을 때 우선순위는 어느 정도일까요?"

질문 한두 개만 했더라도, 혼란은 쉽게 줄었을 것이다. 사람은 누구나 자신만의 기준으로 세상을 본다. 신 사원은 '최대한 빨리'라는 말에, 김 사원은 '급하지 않다'라는 표현에 집중했다. 하지만 K 팀장이 생각한 마감일은 모레였다. 사실, 물어보기만 했어도 간단히 해결될 일이었다. 그럼에도 우리는 왜 질문을 주저할까? 질문하는 습관이 없거나, 무엇을 물어야 할지 몰라서, 또는 괜히 밉보일까 걱정되기 때문이다. 하지만 질문은 더 많은 정보를 얻고, 문제를 빠르게 해결하며, 더 깊은 소통을 가능하게 한다.

상황에 맞는 질문의 기술: 열린 질문과 닫힌 질문

신입 사원 시절, 나는 질문의 힘을 일찍 경험했다. 당시 내가 속한 마케팅 부서의 전화 업무는 수천만 원이 오가는 중요한 일이었다. 입사 후 상사가 말했다.

"전화 오면 메모 잘 남겨 놓으세요."

막막했다. 그래서 이렇게 물었다.

"팀장님, 어떤 내용을 메모하면 될까요?"

그 질문 덕분에, 메모에 포함될 구체적인 항목을 정확히 배웠다. 그렇게 익힌 업무는 어떤 교육에서도 얻을 수 없는 현장의 꿀팁이었다. 이 질문 습관이 쌓여, 동기들과의 업무 효율성과 성과 차이는 자연스럽게 벌어졌다.

지금은 손가락 하나로 세상의 모든 정보를 얻을 수 있는 시대다. 하지만 내 상황에 꼭 맞는 정보는 질문을 통해서만 얻을 수 있다. 좋은 질문은 단순한 정보 수집을 넘어 문제의 본질을 꿰뚫고, 새로운 관점을 열어준다. '무엇', '어떻게', '왜' 등으로 시작하는 '열린 질문'은 상대방의 생각과 경험을 자연스럽게 끌어내는 좋은 질문의 핵심이다.

"이 주제에 대해 어떻게 생각하세요?"

"왜 그렇게 생각하세요?"

"과거에 큰 어려움을 겪을 때 어떻게 극복하셨나요?"

물론, 모든 상황에서 열린 질문이 정답은 아니다. 때로는 명확한 사실 확인이나 빠른 결정이 필요하다. 그럴 때 사용하는 도구가 바로 '닫힌 질문'이다. '예/아니오' 또는 단답형으로 답할 수 있는 질문이다.

"고객님, 커피머신의 오른쪽 버튼이 고장 났다는 말씀이세요?"

"팀장님, 언제까지 보고서를 준비하면 될까요?"

진짜 고수는 두 가지 질문을 상황에 맞게 활용할 줄 안다. 앞선 K 팀장의 사례라면 "혹시 생각하시는 구체적인 일정이 있으세요?"와 같은 닫힌 질문으로 명확한 사실을 확인하고, "다른 업무와 비교했을 때 우선순위는 어느 정도일까요?"와 같은 열린 질문으로 팀장의 진짜 의도를 파악해야 한다.

동료에게 점심 약속을 잡고 싶다면, "점심 어떻게 하실 거예요?"(열린 질문)보다 "혹시 점심 약속 있으세요?"(닫힌 질문)가 훨씬 효과적이다.

좋은 대답을 찾기 전에 좋은 질문부터 하라

한 모임에서 '요즘 취미'에 관한 대화가 잠시 끊겼을 때, 누군가 이렇게 물었다. "지후님, 어릴 때는 어떤 운동을 좋아하셨어요?"

이 질문 하나로, 대화는 어린 시절의 농구 이야기와 또 다른 추억으로 풍성하게 뻗어 나갔다. 어색한 침묵을 못 견디고 자기 말만 늘어놓는 것보다, 적절한 질문 하나가 더 세련된 대화 매너가 될 수 있다. 그렇다면 질문을 잘하려면 어떻게 해야 할까?

먼저 목적을 분명히 해야 한다. 정보를 얻고 싶은가? 상대의 생각을 더 알고 싶은가? 목적에 따라 질문의 형태는 달라져야 한다. 하지만 유형을 안다고 해서 질문이 곧바로 자연스러워지지는 않는다. 결국 답은 경험이다. 자주 던져 봐야 감각이 생긴다. 좋은 질문과 엉뚱한 질문을 구별할 수 있는 힘은 반복에서 만들어진다. 세계적인 자기계발 전문가 토니 로빈스는 이렇게 말한다.

"좋은 질문은 좋은 삶을 만든다. 성공한 사람들은 더 나은 질문을 하고, 그 결과 더 나은 답을 얻는다."

지식을 뽐내기 위한 대답보다, 의미 있는 질문 하나를 던져 보자. 대화 고수들은 어떤 질문을 쓰는지 관찰하고, 생성형 AI한테도 의도적으로 질문해 보자. 모호한 지시를 명쾌한 미션으로 바꾸는 순간을 자주 경험하게 될 것이다.

열린 질문 만들기

업무와 일상에서 막힌 대화를 열고, 깊은 대화를 할 수 있는 질문을 만들어 보자.

[예시]

① **업무 상황** (회의나 동료와의 대화에서 사용할 열린 질문)
- 예산이나 시간제한이 없다면, 이 프로젝트를 어떻게 만들고 싶으세요?
- 목표 달성에 가장 큰 걸림돌은 뭐라고 보세요?
- 이 결정의 단점을 하나만 꼽는다면 어떤 걸까요?

② **일상 상황** (가족이나 친구와의 대화를 더 깊게 만들 열린 질문)
- 오늘 하루, 어떤 감정을 가장 많이 느꼈어?
- 요즘 너에게 힘이 되는 건 뭐야? 반대로 힘 빠지는 건?
- 최근 나한테 서운했거나, 반대로 고마웠던 순간은 뭐였어?

나의 기록 ✏️

업무 상황

1. _____

2. _____

일상 상황

1. _____

2. _____

05

✦

할 말은 하면서 내 사람으로 남기는 법

✦

✦

나는 종종 이런 딜레마에 빠지곤 했다.

'할 말을 솔직하게 하면서도, 그 사람과의 관계를 지킬 수 있을까?'

'내가 던진 한마디가, 오히려 사람을 잃게 하는 건 아닐까?'

하지만 지금은 다르다. 원하는 것을 설득력 있게 말하면서도, 상대에게 신뢰를 남기고, 때로는 처음 만난 사람과도 오래 함께할 수 있는 관계를 만든다. 이건 나이나 경력이 쌓였다고 해서 저절로 생기는 능력이 아니다. 이 모든 변화를 만든 건, 복잡한 대화 속에서도 길을 잃지 않게 해 준 말하기의 내비게이션, E.A.C. 원칙이었다. 이 원칙을 머리로만 이해하지 말고 마음으로 체득한다면, '말을 잘하는 사람'이 아니라 '사람을 남기는 사람'이 될 수 있다.

모든 대화의 내비게이션 – E.A.C. 원칙

관계를 지키면서도, 할 말은 정확히 전하는 법. 그 핵심은 공감^{Empathy}, 적절성^{Appropriateness}, 명료성^{Clarity}, 이 세 가지에 있다. 나는 이것을 'E.A.C. 원칙'이라 부른다.

E (Empathy): 상대의 마음을 읽는 공감의 태도

모든 소통은 일방통행이 아닌, 감정이 오가는 쌍방향 도로와 같다. 상대의 입장을 헤아리는 공감은 그 길을 안전하게 만드는 첫 번째 장치다. 만약 팀원이 "죄송합니다. 제가 실수해서 일이 커졌어요."라고 말한다면 이렇게 대답할 수 있다.

A : "대체 왜 그랬어?"

B : "많이 당황했겠네요. 일단 뭐부터 같이 해결해 볼까요?"

A는 책임을 묻고, B는 감정을 이해하고 해결책을 제안한다. 공감은 상대의 감정에 먼저 응답하는 것이다. 이 한마디가 상대의 마음을 열고, 신뢰를 남긴다.

A (Appropriateness): 시간과 장소를 가리는 적절성의 감각

내용이 아무리 맞아도, 시간과 장소가 어긋나면 상처만 남는다. 적절성은 맥락에 맞는 옷을 입히는 기술이다. 예를 들어, 동료의 보고서에 수정할 부분이 보일 때 이렇게 말할 수 있다.

A : (회의 자리에서) "보고서 이 부분, 이건 좀 잘못된 것 같네요."
B : (회의 후 따로 조용히) "이 부분은 이렇게 바꾸면 더 자연스럽겠어요."

적절성은 상대의 체면을 지켜주고, 비난이 아닌 호의로 받아들이게 만드는 지혜다.

C (Clarity): **오해 없이 핵심을 전하는 명료성의 기술**

소통의 마지막 관문은 '명확하게 전달되는가'이다. 아무리 좋은 의도라도, 모호하면 곧 오해로 남는다. 앞서 살펴본 K 팀장의 "급하지 않지만, 최대한 빨리해 주세요."라는 말은 이 명료성이 깨진 사례다. 이렇게 말해야 한다.

"다른 급한 일부터 마무리하고, 수요일 오후까지 완료해 주세요."

명료한 지시는 불필요한 감정 소모와 시간 낭비를 막는다. 모호한 말로 좋은 사람인 척하지 말고, 명확한 말로 유능한 사람이 되자.

꼭 필요한 순간 마음에 닿는 말을 남기자

E.A.C 원칙이 얼마나 강력한지 보여 주는 유명한 사례가 있다. 바로 스티브 잡스가 펩시콜라 사장이던 존 스컬리를 애플로 영입할 때의 일화다. 잡스는 단순히 애플의 비전만

말하지 않았다. 그는 먼저 존 스컬리라는 사람을 깊이 이해했고(E), 결정적인 타이밍에(A), 명확한 질문을 던졌다(C).

"남은 인생 동안 설탕물만 파시겠습니까? 아니면 저와 함께 세상을 바꾸시겠습니까?"

이 한마디가 존 스컬리의 마음을 움직였다. 진심 어린 공감, 적절한 타이밍, 명확한 표현, 이 세 가지를 갖추면 하고 싶은 말을 하면서도 사람을 내 편으로 남길 수 있다. 말을 잘하는 사람은 많은 말을 하지 않는다. 꼭 필요한 순간, 마음에 닿는 말을 남긴다. 할 말을 해야 한다면, E.A.C.를 떠올려 보자. 잘 전한 한마디가 성과를 만들고, 사람까지 남긴다.

06

✦

진짜 소통은 상대를 제대로 '보는 것'에서 시작된다

✦

✦

"I see you."

영화 〈아바타〉를 통해 친숙해진 이 문장은, 단순한 지각 이상의 의미를 갖는다. 제임스 캐머런 감독은 이 말이 상대에 대한 깊은 이해와 존중, 나아가 사랑까지 함축한다고 말했다. 눈으로 '보는 것'에 이보다 더 강렬한 의미를 부여할 수 있을까. 모든 소통은 이처럼 상대를 온전히 '보는 것'에서 시작된다. 그러나 우리는 자주 착각한다. 마주 보고 있다는 이유로, 제대로 보고 있다고.

어떻게 해야 상대를 제대로 보고, 마음을 얻는 소통을 할 수 있을까? 나는 그 핵심 과정을 'R.E.A.D 대화 원칙'으로 정리했다. 이 원칙은 어떤 상황에서도 상대의 마음을 읽고, 관계를 주도할 수 있도록 돕는 대화 전략이다.

모든 관계를 바꾸는 R.E.A.D 대화 원칙 4단계

R.E.A.D는 관찰하고[Read], 공감하고[Empathize], 분석하고[Analyze], 전달하는[Deliver] 4단계의 약자로, 이 과정을 통해 진정한 소통의 감각을 갖게 된다. 하나씩 살펴보자.

1단계. 관찰하라 (Read) – 보이는 것 너머를 읽는 힘

첫 단계는 상대의 언어, 표정, 말투, 몸짓 등 눈에 보이는 모든 신호를 있는 그대로 읽고 관찰하는 것이다. 셜록 홈즈는 왓슨에게 이렇게 말한다.

"자네는 보기만 할 뿐, 관찰하지 않는군요. 그 차이는 명확하오."

이 한마디는 R.E.A.D 모델 1단계를 정확히 꿰뚫는다. 우리는 눈앞의 상대를 그냥 보는 것이 아니라, 숨겨진 의미를 찾는 탐정처럼 관찰해야 한다.

2단계. 공감하라 (Empathize) - 감정에 연결되는 순간

관찰한 정보 위에 감정의 연결선을 놓는 단계다. 눈으로 본 것을 마음으로 받아들이는 과정이다. 개인적으로 이 단계를 가장 강하게 체감한 경험이 있다.

결혼 초, 남편과 자주 다퉜다. 갈등이 시작되면 남편은 화난 표정으로 입을 꾹 다물었고, 나는 그것을 무시로 해석했다. 어느 날, 말다툼이 시작될 때 우연히 그의 눈과 표정을 바라봤다. 그것에는 분노가 아니라, 두려움과 슬픔이 있었다. 그제야 알았다.

'이 싸움이 더 커질까 봐 두려워하는구나.'

그 순간부터 싸움은 달라졌다. 공감이 연결을 만들었기 때문이다.

3단계. 분석하라 (Analyze) – 감정 뒤에 있는 흐름을 읽는 사고

상대 감정에 연결된 후에는 이성적인 분석이 필요하다.

'나는 무엇을 원하는가?'
'어떻게 이 대화를 풀어야 하는가?'

공감만으로는 해결할 수 없다. 전략과 방향 설정이 있어야 관계가 바뀐다. 남편의 감정을 이해하고 나니, 내 시선도 달라졌다. 이 싸움에서 이기는 것이 아니라, 고통스러운 반복을 멈추는 것이 중요하다는 것을 깨달았다.

4단계. 전달하라 (Deliver) – 진심을 전하는 기술

이제 내 생각과 감정을 표현할 차례다. R–E–A 단계를 거친 말은 감성과 이성이 균형을 이루며 상대에게 다가간다. 나는 남편을 향한 비난을 멈추고, 조심스럽게 내 마음을 표현했다. 그 결과, 갈등은 격화되지 않았고 관계는 회복되었다.

R.E.A.D 대화 원칙의 실전 활용

우리는 매일 사람과 부딪히며 산다. 가까운 가족, 감정적인 상사, 까다로운 고객, 무심한 동료 등 관계는 달라도 소통의 흐름은 비슷하다. R.E.A.D 모델을 세 가지 상황에 적용해 보자.

상사에게 업무 보고를 할 때

R (관찰): 상사는 무표정했지만, 살짝 고개를 끄덕였다.

E (공감): 큰 감정 반응 없이 평소처럼 보고를 받고 있는 듯했다.

A (분석): 간결하게 마무리하고 의견을 묻는 것이 좋겠다고 판단했다.

D (전달): "혹시 보완할 부분이 있을까요?"

고객에게 상품 설명을 할 때

R (관찰): 고객이 고개를 갸웃거리고 시선을 피했다.

E (공감): 확신 없는 마음을 느꼈다.

A (분석): 가격이니 기능에 대한 의문일 수 있다고 생각했다.

D (전달): "혹시 어떤 부분이 더 궁금하신가요?"

고객과 계약에 실패했을 때

R (관찰): 설명하면서 계약서를 보느라 고객의 표정을 보지 못했다.

E (공감): 고객의 감정을 전혀 읽지 못했다.

A (분석): 흐름을 분석하지 못했고, 전략 수정도 없었다.

D (전달): "지금 계약 하시겠어요?" (고객은 다음에 하겠다고 했다.)

관찰하지 않으면 공감할 수 없고, 공감하지 않으면 분석도 흐려진다. 분석이 흔들리면, 결국 전달도 실패한다. '보고 있다'라는 착각을 버려야 한다. 상대의 눈을 진심으로 바라보자. 바로 그 순간, 상대는 마음으로 말하기 시작한다.

"I see you."

이 말은 결국 이런 뜻이다.

'나는 당신을 진심으로 보고, 느끼고, 이해하고, 받아들인다.'

R.E.A.D 대화 일지 쓰기

하루 중 중요했거나 아쉬웠던 대화 하나를 떠올려 R.E.A.D 대화 원칙에 따라 정리해 보자.

[예시] 최근 성과가 부진한 팀원과의 면담

R (관찰) : 시선이 불안했고 손가락을 계속 만지작거렸다. 질문에 답할 때마다 입술을 깨무는 등, 전반적으로 위축된 태도를 보였다.

E (공감) : 단순한 업무 부담이 아니라, 말 못 할 개인적 고민이나 불안이 크다고 느꼈다.

A (분석) : 내 경험을 먼저 공유해 긴장을 풀게 하고, 개방형 질문으로 스스로 이야기를 꺼낼 수 있도록 유도하기로 했다.

D (전달) : "채원 씨, 나도 신입 때 고민이 많았어요. 혼자 끌어안고 버티다 더 힘들었던 기억이 나네요. 요즘 가장 힘든 게 뭐예요?"

나의 기록 ✏️

R (관찰)

E (공감)

A (분석)

D (전달)

미소, 성과를 만드는 비언어 전략

미소는 타인에게는 호의와 친밀감을, 자신에게는 안정과 자신감을 동시에 전달하는 가장 가성비 높은 전략이다. 상대의 경계가 풀리고, 나 자신도 더 편안해진다. 이 '미소 신호'는 단순한 호감을 넘어 유능하다는 인식을 만들고, 예상치 못한 기회를 끌어당기는 힘을 발휘한다.

2023년 미국 과학 진흥 협회 발표에 따르면, 미소를 짓는 지원자는 그렇지 않은 사람보다 평가 점수가 더 높고, 면접 제안도 더 많이 받는 것으로 나타났다. 특히 의사결정 시간이 짧을수록 미소의 효과는 더욱 두드러졌다. 연구를 이끈 토론토대학교 사브리나 찬은 말했다.

"첫인상은 매우 중요한데, 사람들은 행복한 얼굴을 더 오래 기억합니다."

스펙을 뛰어넘는 미소의 힘을 경험한 나의 사례이다.

세 번째 직장인 글로벌 기업으로 이직할 때였다. 당시 내 영어 실력은 간단한 자기소개 정도였고, 미국 본사와 소통해야 하는 팀장 자리에는 적합하지 않았다. 경쟁자들은 나보다 더 뛰어난 스펙과 영어 실력을 갖추고 있었기에, 주변 사람들은 "도대체 어떻게 붙은 거야?"라는 반응을 보였다. 입사 후, 당시 상사에게 비하인드 스토리를 들었다.

"다른 후보자들이 토익·토플 점수는 훨씬 높았지만, 영어로 말할 때 자신감이 없어 보였어요. 신 팀장은 유창하지 않은 영어로, 밝게 웃으며 편안하게 말했죠."

같은 시기, 국내 대기업에도 최종 합격했다. 돌이켜보면 국내든 해외든, 언제나 예상하지 못한 기회들이 찾아왔다. 그 문을 연 건, 늘 유창한 말이 아니라 먼저 건넨 '웃는 얼굴'이었다. 세계적인 명상가 틱낫한 스님은 이렇게 말했다.

"때로는 당신의 기쁨이 미소의 원천이 되지만,
때로는 당신의 미소가 기쁨의 원천이 될 수도 있습니다."

능동적으로 미소를 선택하는 순간, 감정과 삶의 방향이 바뀌기 시작한다. 물론, 언제나 미소가 정답은 아니다. 때로는 강력한 무기가 되지만, 때로는 치명적인 실수가 되기도 한다. 그래서 웃어야 할 때와 그렇지 않은 때를 분명히 구분해야 한다. 미소는 만능

열쇠가 아니기에 더 섬세하게 다뤄야 한다.

▸ 미소가 '무기'가 되는 5가지 순간

- 껄끄러운 피드백이나 반대 의견을 말해야 할 때
- 부담스러운 부탁이나 어려운 요청을 해야 할 때
- 많은 사람 앞에서 발표나 강연을 시작할 때
- 가벼운 실수나 잘못을 인정하고 사과할 때
- 예상치 못한 질문을 받아 답변을 못 할 때

▸ 미소가 '독'이 되는 5가지 순간

- 상대방이 심각한 고통이나 슬픔을 토로할 때
- 엄중한 경고나 해고 통보를 해야 할 때
- 나의 권리나 주장이 부당하게 무시당할 때
- 무거운 실수나 잘못을 인정하고 사과할 때
- 상사에게 진지하고 심각한 질책을 듣고 있을 때

이제, '이유 없는' 미소 연습을 시작하자. 입꼬리를 올리고, 미소를 입가에 머물게 해 보자. 무기력은 서서히 사라지고, 짜증은 줄어들며, 어긋났던 관계는 조금씩 회복될 것이다. 뜻밖의 순간, 예상하지 못했던 기회까지 다가올 것이다. 돈 한 푼 들이지 않고 인생의 흐름이 바뀌는 순간을 조용히, 미소로 맞이하자.

2장

설득 대화

끌리는 말에는 이유가 있다

01

상황에 맞춰 설득 모드를 전환하라

회의 시간에 주로 어떤 모습에 가까운가?

① 단호하게 내 의견을 주장하며 논리로 돌파한다.

② 합리적인 대안과 비전을 제시하며 동의를 구한다.

③ 상대의 의견을 들어가며 은근히 원하는 방향으로 이끈다.

사람들은 보통 자신에게 익숙한 설득 방식을 고수한다. 하지만 최고의 투수가 직구만으로 승부하지 않듯, 상황과 상대에 맞는 '설득 모드'를 선택해야 한다. 모드가 맞지 않으면 좋은 말도 통하지 않고 오해만 남는다. 먼저, 나에게 익숙한 설득 모드는 무엇인지 파악해 보자.

효과적인 3가지 설득 모드

설득 모드는 크게 세 가지로 나뉜다. 각각의 장단점을 파악하고, 자신이 어떤 모드에 가까운지 생각해 보자.

1. 주장가 모드 : 논리로 돌파하기

자신의 의견과 주장을 명확한 근거를 들어 강력하게 밀어붙이는 유형이다. 교섭이나 토론의 형태를 띤다.

- 장점: 논리가 탄탄하고 명확해 설득력이 높다. 빠른 의사
  결정을 이끌어 낼 수 있다.
- 단점: 상대가 반발할 경우, 대립이나 갈등을 초래하기 쉽
  다. 관계가 훼손될 위험이 있다.

"이 데이터에 따르면, A 안이 맞습니다."
"에어컨이 너무 추운데 모드를 바꾸겠습니다."

2. 제안가 모드 : 대안으로 동의 얻기

자신의 아이디어나 계획이 상대에게 얼마나 유익한지 설명하고, 선택권을 주는 방식이다. 주로 발표나 설명회에서 사용된다.

- 장점: 상대에게 선택의 여지를 주므로 갈등을 최소화하고, 합리적인 사람이라는 인상을 준다.
- 단점: 제안이 매력적이지 않거나 상대가 정보를 받아들이지 않으면 효과가 없다.

"이 데이터를 고려해서, A 안을 선택하면 어떨까요?"

"조금 춥게 느껴지는데, 에어컨 온도를 1도만 올리거나 바람 방향을 바꾸는 건 어떨까요?"

3. 유도가 모드 : 마음을 얻어 이끌기

상대방이 스스로 결정하도록 돕고, 질문을 통해 원하는 방향으로 이끄는 방식이다. 코칭이나 팀워크 향상에 주로 사용된다.

- **장점:** 상대의 참여와 동의를 끌어내므로 관계가 좋아지고, 상대가 스스로 내린 결정이라 책임감이 높다.
- **단점:** 시간이 오래 걸리고, 상대가 우유부단하면 설득력이 약해진다.

"이 데이터를 고려하면 어떤 방안이 좋다고 생각하세요?"

"다들 춥지 않으세요? 에어컨 온도를 어떻게 조절하는 게 좋을까요?"

상황에 맞게 주장하고, 제안하고, 유도하라

하나의 모드만으로는 모든 상황을 이끌 수 없다. 진짜 고수는 상황에 따라 가장 적절한 모드를 실행한다.

위기 상황, 빠른 결정이 필요할 때는 주장가 모드가 효과적이다. 회사의 존폐가 걸린 결정이나 법적·원칙적 기준이 명확한 사안에서는 강력한 논리와 단호함이 필요하다.

"좋은 의견이에요. 하지만 지금은 새로운 기능을 논의할 단계가 아닙니다. 내일 오전 10시까지 안정적으로 출시하는 게 우선입니다. 기존 계획대로 진행해 주세요."

아이디어를 팔거나, 새로운 기회를 만들 때는 제안가 모드가 효과적이다. 투자 설명회, 제품 발표회, 프로젝트 제안처럼 상대에게 선택지를 주고 긍정적인 비전을 보여 줘야 할 때, 이 모드가 효과적이다.

"저희 제품을 도입하시면 A와 B 두 가지 효과를 기대하실 수 있어요. 혹시 어떤 쪽이 더 필요하신가요?"

팀의 협력이 필요하거나 저항이 클 땐, 유도가 모드가 효과적이다. 상대의 마음을 얻고, 스스로 움직이게 만들어야 한다.

"이 프로젝트에 대해 팀원분들이 우려하는 점을 잘 알고 있습니다. 어떻게 하면 그 우려를 해결할 수 있을까요?"

설득력을 키우고 싶다면, 먼저 내가 자주 쓰는 설득 방식을 파악하고, 가장 낯선 방식을 의식적으로 연습해 보자. 나는 주장형 설득보다 제안과 유도형 설득에 더 익숙한 사람이었다. 하지만 주장형 설득에 능한 사람들을 관찰하며 의식적으로 그들의 화법을 연습한 결과, 더 많은 상황에서 원하는 것을 얻을 수 있었다.

상황에 맞게 주장하고, 제안하고, 유도할 수 있을 때, 어떤 상대 앞에서도 유능한 설득가가 될 수 있다.

02

✦

장황한 설명 대신 잘 설계된 질문을 던져라

✦

✦

심혈을 기울인 제안서를 발표했는데, 반응이 미지근하다면? 이 경우 많은 사람은 더 많은 정보를 쏟아내며 설득하려 애쓴다. 하지만 설득의 고수는 그 순간, 핵심 질문 하나를 던진다. 내가 만난 탑 리더들의 공통점은 말을 많이 하지 않는다는 것이다. 그들은 논리로 상대를 압박하기보다, 정교하게 설계된 질문으로 상대가 스스로 답을 찾게 만든다. 이것이 바로 '유도형 설득'의 정수, 2,500년 전 소크라테스가 사용한 질문의 기술이다.

철학자 소크라테스는 제자들에게 정답을 알려주지 않았다. 대신, 끊임없는 질문을 통해 제자들이 스스로 진리에 도달하도록 만들었다. 이 방식은 상대를 적이 아닌 파트너로 만들고, 자발적인 결정을 이끌어 낸다. 결국, 내가 내린 결론이 가장 강력한 설득이 되는 셈이다.

상대방의 머릿속에 '내 생각'을 심는 질문법

소크라테스 질문법의 핵심은 내가 원하는 그림을 상대가 스스로 그리게 만드는 것이다. "이걸 사세요!"라고 말하는 대신, "이걸 사면 당신 삶이 어떻게 바뀔까요?"를 묻는 것이다.

미래를 상상하게 하라

결과를 직접 설명하지 말고, 상대가 직접 그 미래를 떠올리게 한다.

"저희 서비스를 이용하시면, 업무 효율이 30% 향상됩니다."
→ "단순 업무가 줄어든다면, 그 시간에 팀원들이 어떤 창의적인 일을 할 수 있을까요?"

리스크를 스스로 깨닫게 하라

위험을 경고하기보다 스스로 위기감을 느끼게 해야 한다.

"이 기술을 배우지 않으면, 우리 팀은 뒤처집니다."
→ "지금처럼 아무 변화 없이 1년이 지나면, 고객이 우리를 선택할 이유가 있을까요?"

이 질문법은 일방적인 지시가 아니라 상대의 자발적인 동의를 이끌어 내야 할 때 진가를 발휘한다. 정답을 주기보다 팀원의 잠재력을 끌어내고 싶은 리더에게 이것은 최고의 무기다. 단기적 설득을 넘어서 창의적인 해결책을 함께 찾고 장기적인 신뢰를 쌓고 싶을 때, 소크라테스식 질문은 스스로 꺼지지 않는 생각의 불씨를 상대의 마음속에 심어 준다.

상대의 생각을 끌어내는 '단 하나의 질문'

질문법은 비즈니스뿐 아니라 면접 같은 개인 상황에서도 효과를 발휘한다. 외국계 기업으로 이식을 준비힐 때, 면접 마지막에 나는 이렇게 물었다.

"저의 역량과 경험이 귀사에 어떻게 도움이 될 수 있을까요? 면접관님의 생각이 궁금합니다."

당시엔 몰랐지만, 그것이 바로 소크라테스 질문법이었다. "저를 뽑아주세요."라고 직접 말하지 않고, 내가 그 회사에 기여하는 장면을 면접관 스스로 상상하게 만든 것이다. 그 질문을 던졌을 때 반짝이던 면접관의 눈빛을 아직도 기억한다.

반면, 질문 대신 완벽한 답만 준비하려다 고생한 상사도 있었다. 그는 임원들의 날카로운 질문이 두려워 수백 장짜리 보고서를 만들며 모든 경우의 수를 대비했다. 그러나 중요한 건 모든 정답을 준비하는 게 아니라, 단 하나의 질문으로 상대의 생각을 끌어내는 것이었다. 그걸 알았다면 더 효율적이고 덜 지치는 방식을 선택했을 것이다.

강요하거나 빠른 결론을 원하는 사람은 소크라테스가 될 수 없다. 이 질문법에는 상대의 생각을 존중하고, 답을 찾을 시간을 기다려주는 인내심, 그리고 상대의 마음을 읽는 공감 능력이 필요하다. 이것은 단순히 말을 아끼는 기술이 아니다. 겉으로는 상대에게 주도권을 넘겨주는 듯하지만, 실은 내가 설계한 방향으로 대화를 이끄는 가장 세련된 설득 방식이다.

03

✦

소수가 다수를 이기는 설득의 제1원칙

✦

✦

영화 〈12인의 성난 사람들〉에서 11명의 배심원이 유죄를 외칠 때, 단 한 명만이 무죄를 주장한다. 그는 처음부터 완벽한 논증이나 압도적인 증거를 가졌던 것이 아니다. 그의 유일한 무기는 '나는 합리적인 의심이 사라지기 전까지는 유죄에 동의할 수 없다'라는 일관된 태도였다.

사람들은 대부분 다수의 의견이 옳다고 믿고, 소수의 의견에 저항감을 느낀다. 이때 성급하게 상대를 바꾸려 하는 것은 계란으로 바위 치기다. 하지만 그의 일관된 태도는 다른 배심원들의 마음에 균열을 일으켰고, 결국 11명 모두의 마음을 돌려놓는 데 성공한다. 이것이 '일관성'이 가진 힘이다.

설득의 제1원칙: 첫 번째 거절에 물러서지 마라

사회심리학자 세르주 모스코비치는 소수가 다수에게 영향을 미치는 가장 결정적인 조건이 바로 일관성임을 증명했다. 한자리에 꾸준히 떨어지는 물방울이 바위를 뚫듯, 작지만 일관된 힘이 다수라는 거대한 벽을 무너뜨린다. 일관성의 법칙은 단순하다. 하나의 목표를 향해, 하나의 메시지를, 꾸준히 전달하는 것이다. 여기저기 흩뿌려지는 물은 아무 힘이 없지만, 한곳에 집중되는 물방울은 바위도 뚫는다.

내 언니는 이 기술의 타고난 고수였다. 고등학생 시절, 당시 유행하던 값비싼 오리털 파카를 사기 위해 두 해 겨울 내내 부모님을 설득했다. 기회가 될 때마다 파카의 필요성을 일관되게 어필했다. 결국 부모님은 언니의 끈질김에 두 손 들었고, 언니는 따뜻한 파카를 쟁취했다. 반면, 나는 어릴 때부터 하고 싶은 것이 있어도 한 번 거절당하면 쉽게 포기했다. 어른이 되어서야 깨달았다. 설득의 실패는 내 의견이 틀렸기 때문이 아니라, 그것을 관철할 용기와 끈기, 즉 일관성이 부족했기 때문이라는 것을. 얻고 싶은 것이 있다면, 첫 번째 거절에 물러서지 말자.

일관성의 힘을 극대화하는 3가지 기술

하나의 물방울에 힘을 더해 거대한 물줄기를 만들고 싶다면, 다음과 같은 기술을 함께 사용해야 한다.

1. 일관된 목소리 더하기 (지지자 확보)

나와 같은 목소리를 내줄 '동료 물방울'을 찾는 것이다. 소수가 한 명에서 두 명이 되는 순간, 그 주장은 고집이 아닌 의견이 된다. 예시는 팀 업무에 생성형 AI 툴 도입을 설득하는 상황이다.

"(새로운 기술에 관심 많은 동료에게) 예빈 님, 제가 지난번에 회의 때 제안했던 업무용 AI 도입 있잖아요. 예빈 님 생각은 어때요? 제가 써 보니까 정말 우리 팀에 정말 필요하거든요. 같이 팀장님과 팀원들을 설득해 보면 어떨까요?"

2. 일관된 증거 더하기 (새로운 정보 제시)

나의 일관된 주장을 뒷받침할 새로운 사실이나 데이터를 제시하는 것이다. 새로운 증거는 상대의 낡은 생각을 흔드는 가장 효과적인 무기다.

"팀장님, 혹시 들으셨어요? 사장님이 요즘 생성형 AI에 관심이 많으시더라고요. 얼마 전에는 인사팀장님이랑 대화하시는 걸 우연히 들었는데, 챗GPT 쓰시면서 감동하시더라고요."

3. 일관된 외부 증언 더하기 (외부 지원군 활용)

나의 일관된 주장이 나 혼자만의 생각이 아님을 제삼자의 권위나 성공 사례를 통해 증명하는 것이다.

"여러분, 제가 얼마 전 기술 컨퍼런스에 갔는데, 업계 최고 전문가가 '이제 AI를 활용하지 않는 기업은 뒤처질 수밖에 없다'라고 강조하더라고요. 우리 팀도 일부분부터 시도해 보는 게 어떨까요?"

소수가 다수를 설득하는 과정은 외롭고 더딜 수밖에 없다. 그래서 가장 중요한 것은 '태도'다. 내 의견과 나르다고 해서 다수를 적으로 놀려서는 안 된다. 그들의 의견을 존중하는 동시에, 나의 주장은 부드럽지만 멈추지 않아야 한다. 사람들은 변덕스러운 사람의 말을 듣지 않지만, 일관된 사람의 말에는 결국 귀를 기울인다. 처음에는 고집처럼 보였던 주장이 진심 어린 일관성을 만날 때, 비로소 신념으로 받아들여지기 때문이다.

이 설득법은 소수가 다수를, 약자가 강자를 설득할 수 있는 가장 효과적인 방법이다. 결국 사람의 마음을 움직이는 것은 한순간의 화려한 논리가 아니라, 포기하지 않는 끈질긴 진심이다.

04

✦

'같아요'와 '입니다'의 결정적인 차이

✦
✦
✦

의욕과 열정만큼은 회사에서 최고인 K 대리가 있다. 그는 회사의 성장을 위해 밤낮없이 고민하는, 모두가 인정하는 인재다. 어느 날, 그는 엘리베이터에서 마주친 대표에게 이 기회를 놓칠세라 준비한 아이디어를 말했다.

"사장님, 지금 진행 중인 K 프로젝트에 더 많은 자원을 투자하면 이익률이 확실히 더 높아질 것 같아요. 가능하시다면 자원 투자를 늘려 주실 수 있을까요?"

결과는 어땠을까? 평소 그의 열정을 높이 사던 내 표마서 고개를 저었다. K 대리는 의욕을 상실했다. 그의 아이디어나 열정이 부족해서였을까? 그의 말에 원하는 것을 뒷받침할 증거가 없었기 때문이다. '~일 것 같아요'라는 막연한 추측 과 '~입니다'라는 확신에 찬 사실. 이 둘의 차이는 주장을 뒷 받침하는 증거의 유무에서 온다.

숫자와 권위를 내세워 설득하라

설득의 첫 번째 증거는 '숫자'다. 숫자는 주관적인 감정이 배제된 객관적인 사실이기에, 그 어떤 주장보다 강력한 힘을 갖는다. 만약 K 대리가 이 사실을 알았다면, 그의 말은 이렇 게 바뀌었을 것이다.

"사장님, 제가 K 프로젝트 시장 분석을 다시 해 봤는데 자 원을 7% 더 투입하면, 수익률이 20%까지도 오를 수 있습니 다. 저희 경쟁사인 ○○사도 비슷한 프로젝트로 23%나 수익 을 냈습니다."

'늘어날 것 같다'라는 희망 사항이, '20% 상승할 것'이라는 구체적인 예측으로 바뀌는 순간, 주장의 무게는 달라진다. 숫자는 막연한 주장을 반박할 수 없는 사실로 만든다.

설득의 두 번째 증거는 '권위'다. 나 혼자만의 주장이 아님을 증명하는 것이다. 여기서 권위는 유명한 전문가의 말일 수도 있고, 신뢰할 만한 기관의 보고서일 수도 있으며, 성공한 경쟁사의 사례일 수도 있다. K 대리의 주장에 이 증거를 추가해 보자.

"게다가 최근에 ○○○ 전문가 인터뷰를 봤는데, 저희가 하려는 이 방식이 앞으로 시장을 주도할 핵심 기술이 될 거라고 합니다."

이처럼 내 주장에 객관적인 숫자와 권위 있는 증언이 더해질 때, 듣는 사람은 확신이 선다.

증거의 힘을 극적으로 보여 준 인물이 나이팅게일이다. 백의의 천사로 알려진 그녀는 사실 위대한 통계학자이자 설득의 대가였다. 그녀는 크림 전쟁 당시, 병사들이 전투가 아닌 비위생적인 병원 환경 때문에 죽어가고 있다는 사실을 발견했다. 그녀가 정부를 설득하기 위해 꺼내 든 무기가 바로 데이터 시각화였다. 사망 원인을 한눈에 보여 주는 장미 도표를 만들어서 빅토리아 여왕과 의회를 설득했다. 결국, 전국 군 병원 개혁으로 사망률을 52%에서 20%로 낮추는 데 기여했다.

증거가 있는 주장을 할 때 원하는 것을 얻는다

설득이 필요한 순간은 크게 4가지 정도로 구분할 수 있다. 의견이 분분한 상황, 변화를 주도해야 하는 상황, 타인의 행동을 바꿔야 하는 상황, 판매나 광고의 상황이다. "저는 A 안이 더 좋습니다.", "새로운 시스템을 도입해야 합니다.", "저는 승진할 자격이 있습니다.", "우리 회사 신제품은 업계 최고입니다."라는 주장은 누구나 할 수 있다. 하지만 그 주장이 사실임을 증명하는 증거를 가진 사람은 소수다. 그리고 언제나 그 소수만이 원하는 것을 얻는다.

내가 이벤트 사업을 막 시작했을 때, 내세울 만한 실적이 없었다. 그때 나는 파트너와 직원들의 경력을 내세웠다. 우리 회사는 신생이지만, '10년 경력의 전문가들이 함께한다'라는 사실을 통해 신뢰를 더했다.

자신의 열정과 아이디어를 공허한 외침으로 만들지 마라. 주장이 단순한 소음이 아닌, 무게감 있는 선언이 되게 하자. 지금 당장 자신의 주장을 뒷받침할 가장 강력한 증거를 찾아라.

주장에 증거 첨부하기

내 주장을 더 단단하게 만들기 위한 2가지 증거를 작성해 보자.

[예시] 팀에 주 2회 재택근무 제도를 도입하고 싶은 상황

① 설득하고 싶은 사람은?

대면 근무의 중요성을 강조하며 재택근무 도입에 부정적인 부장님.

② 설득하고 싶은 주장은?

"저희 팀에 주 2회 재택근무를 도입하면, 직원 만족도 상승은 물론이고, 업무 생산성도 향상될 겁니다."

③ 주장을 뒷받침할 2가지 종류의 증거는?

- 증거 1 (데이터): 스탠퍼드 대학의 연구 결과, 하이브리드 근무를 시행한 기업의 생산성은 13% 향상되고, 직원 퇴사율은 50% 감소했다는 통계 자료.

- 증거 2 (성공 사례): 경쟁사인 'X 컴퍼니'가 하이브리드 근무 도입 후 우수 인재 유치에 성공했으며, 출퇴근 시간 절약으로 업무 몰입도가 더 높았다는 설문 조사 결과.

나의 기록 🖍

설득하고 싶은 사람

설득하고 싶은 주장

설득의 증거 2 가지

1. ---

2. ---

05

✦

결국, 사람을 움직이는 것은 감성이다

✦

✦

집 정리를 맡긴다고 해 보자. A 업체는 집 안 구석구석을 말끔히 정리해 주고 200만 원을 받는다. B 업체는 대신 정리해 주진 않지만, 정리하는 법을 알려 주고 300만 원을 받는다. 논리적으로 보면 당연히 A가 더 합리적으로 보인다. 그런데 의외로, 사람들은 종종 B를 선택한다. '설레지 않으면 버려라'라는 철학으로 세계적인 반향을 일으킨 정리 컨설턴트 곤도 마리에는 바로 B에 가깝다. 그녀의 컨설팅을 받은 사람들은 눈물까지 흘리며 이렇게 말한다.

"단순한 물건 정리를 넘어, 제 삶이 바뀌었어요."

사람을 움직이는 건 결국 논리가 아니다. 설득은 정확한 말이 아니라 닿는 말에서 시작된다.

차가운 논리보다 따뜻한 감성이 설득력을 높인다

사람들은 대부분 설득의 상황에서 논리부터 꺼내 든다. 데이터와 팩트로 자신의 주장을 입증하려 한다. 물론 논리는 설득의 뼈대다. 하지만 그것만으론 부족하다. '평안 감사도 제가 싫으면 그만'이라는 말처럼, 아무리 근거가 탄탄해도 마음이 닫혀 있으면 아무 소용 없다. 오히려 논리가 상대의 마음을 더 얼어붙게 만들기도 한다.

"이 소파는 타사 제품보다 내구성이 20% 더 뛰어납니다. 그래서 이 제품이 더 합리적입니다."(논리적 접근)

수치가 설득력이 있는 것은 사실이다. 하지만 듣는 사람의 마음에 큰 감흥은 없다. 반면, 감성은 다르다.

"상상해보세요. 피곤한 하루를 마치고 돌아왔을 때, 이 소파가 나를 얼마나 포근하게 안아 줄까요? 이 소파에 앉아서 마시는 커피 한 잔이 하루를 얼마나 완벽하게 마무리해 줄까요?"(감성적 접근)

논리는 제안을 고려하게 만들지만, 감성은 제안을 선택하게 만든다. 혹시 자신의 설득이 자꾸 벽에 부딪힌다면, 이렇게 물어보자.

"내가 너무 사실만 말하고 있진 않은가?"

최고의 설득은 머리와 가슴을 동시에 공략한다

고대 그리스의 철학자 아리스토텔레스는 설득에는 세 가지 요소가 필요하다고 말했다.

- 로고스(Logos): 사실과 데이터, 근거를 통한 논리
- 파토스(Pathos): 공감과 이야기로 마음을 움직이는 감성
- 에토스(Ethos): 화자의 전문성, 인품, 권위가 주는 신뢰

이 세 가지가 조화를 이룰 때 설득은 비로소 강력해진다.

내 경험을 하나 이야기해 보자. 남편이 30만 원대 토스터를 사자고 했다. 처음에 나는 꿈쩍도 하지 않았다. "5cc의 물로 겉은 바삭하고 속은 부드럽게 굽는다."는 그의 설명(로고스)은 내 마음을 움직이지 못했다. 그러던 어느 날, 남편이 발뮤다 대표 테라오 겐이 이 토스터를 만들게 된 이유를 들려주었다. 그 순간, 단순한 고가의 쇠 상자는 '추억을 되살려주는 물건'으로 바뀌었다. 이야기 속 감성(파토스)이 내 마음을 녹였고, 남편이 전자제품에 밝은 사람이라는 신뢰(에토스)까지 더해지니, 나는 기꺼이 지갑을 열 수밖에 없었다. 다음 예시를 살펴보자.

마케팅 담당자가 상사를 설득할 때

"지금 팀 업무 흐름을 보면, 프로세스만 조금 정리해도 전체 효율이 20%는 올라갈 것 같습니다."(논리)

"예전에 비슷한 방식으로 팀을 재정비한 적 있는데, 실제 성과가 꽤 올랐어요."(신뢰)

"일이 매끄러워지면 성과도 잘 나고, 팀원들도 더 보람을 느낄 거예요. 그러면 팀장님을 더 믿고 따르게 되겠죠." (감성)

HR 경력직 면접에서 자신을 어필할 때

"이전 회사에서 연간 100명 정도를 채용했고, 리드타임도 평균 2주 단축했습니다. 그 경험이 이 포지션에서도 바로 도움이 될 수 있을 것이라 생각합니다." (논리)

"입사 전 회사의 인터뷰와 기사들을 꼼꼼히 봤어요. '직원 만족이 최고의 서비스로 이어진다'라는 방향성이 제가 추구해온 HR 철학과 잘 맞더라고요." (신뢰)

"입사한 분이 '덕분에 잘 적응할 수 있었다'라고 인사하러 올 때, 퇴사를 고민하던 분이 '한 번 더 도전해보겠다'라고 말할 때, 저는 가장 큰 보람을 느껴요. 이곳에서도 그런 의미 있는 HR을 하고 싶습니다." (감성)

논리로 머리를 설득하고, 감성으로 마음을 움직이자. 머리

와 가슴이 동시에 'YES'라고 외칠 때, 어떤 상대도 움직일

수 있다.

06

✦

고집을 꺾지 말고 먼저 인정하라

✦

✦

이벤트 기획 사업 초기, 나는 몇백만 원짜리 소규모 행사로 가까스로 회사를 꾸려 가고 있었다. 그러던 어느 날, 업계의 주목을 받는 기업이 가족 초청 행사를 연다는 소식을 들었다. 신생 회사였던 우리에게는 제안서만으로 승산이 없었다. 나는 담당자에게 무작정 전화를 걸어 대표를 직접 만날 기회를 달라고 부탁했다.

"담당자님, 대표님께서 매우 바쁘시다는 점 충분히 이해합니다. 제가 어떤 시간이든 맞출 수 있습니다. 새벽 5시도 괜찮습니다. 언제 시간 내주실 수 있을까요?"

수차례 거절당한 끝에, 기적처럼 10분을 얻어냈다. 그 10분은 30분의 발표로 이어졌고, 마침내 첫 번째 수천만 원대 계약이 성사되었다. 이 작은 성공은 다음 단계로 도약하는 발판이 되었다. 이 일이 단지 운이었을까? 아니다. 세상에는 자신의 신념이 너무 강해 쉽게 생각을 바꾸지 않는, 마치 '바위' 같은 사람들이 있다. 우리는 종종 이런 사람을 만나면 논리로 부수거나 힘으로 꺾으려 한다. 하지만 강력한 설득은 힘겨루기에서 나오지 않는다. 모든 것을 가능하게 하면서도 아무 비용이 들지 않는 비밀 병기, '인정과 존중'에서 시작된다.

인정과 존중이 어려운 이유: 고집의 세 가지 얼굴

우리가 인정과 존중을 실천하기 어려운 이유는 고집의 형태가 다양하기 때문이다. 다음 세 가지 유형은 특히 상대를 반박하고 싶게 만든다.

경직된 유형

자기 생각이 절대적으로 옳다고 믿는다. 다른 의견은 틀린 것이라 여겨, 우리의 제안을 무시하거나 논리적 오류로 치부한다.

방어적인 유형

자신의 입장을 바꾸면 가치나 권위가 떨어진다고 느낀다. 동의하는 순간 자신이 패배했다고 느끼기 때문에 끝까지 방어하려 한다.

강한 결정권자 유형

개인 성향보다 권한에서 비롯된 고집이다. 상사나 갑의 위치에 있는 이들은 굳이 타인을 설득하거나 존중할 필요를 느끼지 않는다. 스티븐 코비는 이렇게 말했다.

"먼저 이해하려 노력하고, 그다음에 이해를 받기 위해 노력하라."

우리가 마주하는 사람들 중에는 때때로 받아들이기 어려운 태도를 보이는 경우가 있다. 그렇기 때문에 상대의 입장을 인정하고 배려하는 자세는 설득에서 강력한 무기가 된다.

이는 감정적인 양보가 아니라, 상황을 주도하는 전략적 선택이다.

고집 센 상대를 설득하는 인정 – 연결 – 질문의 대화

고집 센 상대를 설득하려 할 때, 정면 돌파는 대개 실패한다. 이럴 때는 '인정 – 연결 – 질문'의 3단계 대화법으로 마음의 빗장을 여는 우회로를 찾아야 한다.

1단계(인정): **상대의 입장과 권위를 먼저 존중하라.**

상대의 의견이 다소 무리해 보이더라도, 처음부터 반박하기보다 그의 시도와 통찰을 인정하는 태도로 접근해야 한다. 이 한마디가 '나는 당신의 적이 아닙니다'라는 강력한 신호가 된다.

"부장님, 그건 지금은 무리입니다."

→ "부장님, AI 마케팅 전략 제안 정말 인상 깊었습니다. 역시 트렌드를 보는 눈이 탁월하세요."

2단계(연결): 공동의 목표로 대화를 수렴하라.

우리는 같은 목표를 향해 가는 동지임을 먼저 확인시켜야한다. 공동의 성공이라는 안전지대 위에서 대화를 나누면, 상대도 우리의 제안을 경쟁이 아닌 협력으로 받아들이게 된다.

"이번 프로젝트가 단순한 시도를 넘어서, 업계의 모범 사례로 자리 잡았으면 하는 바람은 저도 같습니다."

3단계(질문) : 함께 최선의 방법을 찾는 질문을 던져라.

이제 내 의견은 반대가 아니라 더 나은 제안이 된다. 가르치기보다 상대의 지혜를 구하는 태도로 물어보면, 자존심을 살려 주면서 설득의 문이 열린다.

"그 목표를 더 확실하게 달성하기 위해서 기존 고객 데이터를 분석하면 어떨까요? 성공 가능성을 높이는 방법이 될지 부장님의 생각이 궁금합니다."

이 대화법은 회식 장소를 정하는 소소한 상황에서도 놀라운 힘을 발휘한다. 부장님이 또 삼겹살집을 고집할 때는 이렇게 말해 보자.

"부장님의 맛집은 언제나 최고죠.(인정) 그리고 부장님처럼 미식가인 분과 조용한 와인바에서 대화를 나눠 보고 싶은 소망도 있어요. 다른 팀원들에게도 새로운 경험이 될 것 같고요.(연결) 이번에 그런 자리를 마련해 주시면 어떨까요?(질문)"

우리 회사가 처음 큰 규모의 계약을 따냈을 때도 이 대화법이 작용했다. 나는 만나달라고 요청하기 전, 그가 왜 시간을 내기 어려운지를 먼저 이해했다. 진심 어린 존중은 실무자의 마음을 움직였고, 결국 대표의 선택까지 이끌어 냈다. 그 계약은 페이스북 코리아와의 계약으로 이어졌고, 우리 회사의 대표 포트폴리오가 되었다.

인정과 존중은 단순한 예의가 아니다. 상대의 심리와 위치를 꿰뚫어 보는 전략이자, 원하는 결과를 이끌어 내는 가장 품위 있는 설득법이다. 논리보다 강한 말, 권위보다 효과적인 행동이 필요할 때, 가장 먼저 꺼내야 할 무기는 '인정과 존중'이라는 말의 기술이다.

설득 시나리오 작성하기

설득이 어려운 상대를 한 명 떠올려 보자. 인정-연결-질문 3단계에 따라 상대에게 건넬 말을 구체적으로 써 보자.

[예시] 출시 직전, 사용자 피드백을 반영해 핵심 기능을 수정하기 위해 시니어 개발자를 설득하는 상황

① 인정
"출시 직전에 수정 제안을 드리는 게 부담스러우실 수 있다는 점, 충분히 이해합니다."

② 연결
"이번 개선이 우리 제품 성공에 꼭 필요한 조치라고 생각합니다."

③ 질문
"이 부분을 어떻게 보시는지, 개발자님의 의견을 좀 더 듣고 싶습니다."

나의 기록 ✏️

상대는?

인정의 말

연결의 말

질문

07

✦

최고의 발표는 어떻게 설계되는가?

✦

✦

사람들은 발표를 대할 때 보통 세 가지 유형으로 나뉜다. 발표를 즐기는 소수, 자신감은 부족하지만 묵묵히 해내는 다수, 그리고 발표 자체를 피하려는 사람들이다. 나 역시 오랫동안 세 번째 유형이었다. 실제로 마지막 직장에서 퇴사한 이유도 발표에 대한 극심한 두려움 때문이었다. 지금은 오히려 발표의 긴장감을 즐긴다. 불과 몇 년 전만 해도 상상하지 못했던 변화다.

코칭 현장에서 만난 직장인들도 발표에 대한 어려움을 자주 호소한다. 특히 발표를 앞두고 임박한 시점에 도움을 요청하는 경우는 안타깝다. 불안을 극복하지 못한 채 무대에 서면

좌절을 겪고, 발표에 대한 자신감을 잃게 되기 때문이다.

발표는 타고난 재능이 아니라, 훈련으로 누구나 키울 수 있는 능력이다. 단순히 주어진 내용을 전달하는 것을 넘어 자신의 전문성과 열정, 신뢰를 보여 주는 절호의 기회다. 발표력은 누구나 갖추기 어려운 희소한 능력이며, 제대로 갖춘다면 커리어를 결정짓는 강력한 무기가 된다.

설득력 있는 발표의 4단계 설계법

1단계. 핵심만 담아라 — 슬라이드 한 장에 메시지 하나

발표의 성패는 청중의 눈과 귀를 얼마나 오랫동안 붙잡아 두느냐에 달려 있다. 글자만 빼곡한 자료는 시작부터 지루함을 안겨 준다. 발표 자료는 내가 읽을 대본이 아니라, 청중의 시선을 훔치는 시각적 무기이다.

발표 자료의 핵심은 간결함과 리듬감이다. 슬라이드 한 장에는 하나의 핵심 메시지만 담고, 설명은 1분을 넘지 않도록 구성해야 한다. 텍스트, 차트, 이미지, 인용문처럼 슬라이드마다 변화를 주어 청중의 뇌가 지루한 틈을 주지 않아야 한다.

2단계. 입으로 익혀라 — 암기하지 말고, 입에 익을 때까지 반복하라

발표 준비를 암기로 착각하는 사람이 종종 있다. 발표는 머리가 아닌 입과 몸의 근육으로 익혀야 한다. 스크립트를 썼다면, 자다가 쿡 찔러도 술술 나올 만큼 반복해서 소리 내어 연습해야 한다. 나 역시 중요한 발표가 있을 때 스크립트를 녹음해서 듣고 따라 말하며 반복해서 연습한다. 이 과정은 문장을 통째로 외우는 것이 아니라, 내용을 완벽하게 내 것으로 만드는 체화의 과정이다.

3단계. 몸을 준비하라 — 몸이 안정되면 말도 흔들리지 않는다

최정상의 운동선수는 경기 당일 컨디션을 위해 루틴을 철저히 관리한다. 발표도 마찬가지다. 발표 3일 전부터는 수면, 식사, 체력을 조율해서 최상의 컨디션을 만들어야 한다. 그리고 무대에 오르기 직전, 몸으로 마음을 지배해야 한다. 미소를 짓고, 가슴과 어깨를 활짝 펴며, 크게 심호흡하는 것. 이 단순한 몸짓이 뇌에 '나는 자신감 있다'는 신호를 보낸다. 아나운서와 같은 완벽한 중저음의 목소리가 아니어도 괜찮다. 최상의 컨디션과 자신감 있는 자세에서 나오는 힘, 그것만으로도 말에는 무게가 실린다.

4단계. 시선을 바꿔라 — 평가받는 사람이 아닌, 무대를 만드는 사람으로

발표의 적은 청중의 시선이 아니라, 내 안의 두려움이다. 사람들은 무대 위에서 평가받는 주인공이라는 생각에 두려워한다. 주인공이 아닌 연출가의 관점으로 무대를 바라보자. 청중은 나를 평가하러 온 심사위원이 아니라, 내 이야기에 초대된 관객일 뿐이다. 나는 사업 초창기, 심사위원들을 '아무것도 모르는 신입사원'이라고 정의했다. 그리고 속으로 외쳤다.

"실수 좀 하면 어때? 이 무대의 연출가는 나야. 관객은 사소한 실수에 신경 쓰지 않아."

이처럼 긍정적인 자기 암시를 주고, 성공적인 발표 장면을 머릿속에서 생생하게 시뮬레이션해야 한다. 실수할까 봐, 발표를 망칠까 봐 걱정하면 고통받는 감정을 미리 느끼게 된다. 발표 준비에 아무런 도움이 안 된다. 그런 긱정은 털어 버리자.

발표의 기회를 잡고 커리어를 빛내라

발표는 단순한 설명이 아니라 청중을 설득하는 대화다. 청중은 나를 평가하려는 사람이 아니다. 그들은 단지 자신이 듣고 싶은 메시지를 기다리고 있을 뿐이다. 발표의 원칙은 복잡하지 않다.

- 결론부터 던져라.
- 데이터에 스토리를 입혀, 생동감 있게 전달하라.
- 질문을 던져, 청중을 대화의 파트너로 만들어라.
- 실수했다면, 유머와 솔직함으로 돌파하라.
- 마지막에 핵심 메시지를 각인시키고 명확한 행동을 촉구하라.

돌이켜 보면, 내가 세 번째 직장에서 발표를 피하지 않고 이 원칙대로 훈련했다면, 나의 커리어는 또 달라졌을 것이다. 이 글을 읽으면서 '그래도 나는 안 돼'라는 마음으로 포기하지 않기를 바란다.

발표에서 핵심을 간결하게 전달하는 방법은 이 책의 '간단구생의 법칙(153 페이지)', '프렙 구조 (177 페이지)'에 정리되어 있으니 활용해 보자. 발표의 기회가 온다면 커리어를 빛낼 초대장이니 두 팔 벌려 환영하자. 기회가 없다면 직접 찾아 나서자. 능숙하지 않은 과정 속에 가장 값진 성장이 있다.

빛의 속도로 비호감이 되는 유형

30대 남성 고객이 일대일 코칭 수업을 신청했다. 그는 신청서에 적은 글만 봐도 커뮤니케이션이 세련되고 자기표현이 분명한 사람이었다. 첫 수업에서 만난 그는 큰 키에 밝은 표정을 지닌, 누가 봐도 호감형이었다. 내심 '이런 사람이 대화법 코칭을 신청하다니, 어떤 고민이 있는 걸까?' 하는 궁금증이 커졌다. 그런데 대화를 시작하자 그의 문제가 금방 드러났다. 첫인상과 달리 대화를 나눌수록 비호감으로 바뀌는 유형이었기 때문이다.

실제로 그런 사람이 있다. 외모도 좋고, 첫인상도 괜찮은데, 정작 대화를 시작하면 사람들을 불편하게 만들어 순식간에 호감을 잃는다. 평범한 잡담 자리에서뿐 아니라 중요한 비즈니스 미팅이나 직장 회의에서도 마찬가지다. 잠시 떠올려 보자. 어떤 사람이 나를 순식간에 불편하게 만들었는지, 어떤 말과 태도 때문에 첫 호감이 사라졌는지 말이다.

순식간에 비호감이 되는 유형 5가지이다.

1. 혼자서 끝없이 떠드는 사람

대화는 탁구와 같다. 공을 주고받아야 재미있고 활기가 돈다. 혼자만 계속 말하는 사람은 상대의 기분을 무시하고 혼자 벽치기를 하는 격이다.

동료 A: "주말에 새로 개봉한 영화 봤어요? 재밌대요."

비호감 동료: "아, 그 영화! 저는 아직 못 봤는데, 그 영화 스포 보니까 이탈리아 여행 갔던 게 생각나더라고요. 거기 콜로세움이 얼마나 멋있었는지! 젤라또 맛도 환상적이었어요. 첫날 로마를 시작으로 여행했는데…"

호감 동료: "아, 그 영화요! 아직 못 봤는데, 정욱 씨는 볼 계획 있어요?"

2. 자기 자랑을 늘어놓는 사람

과도한 자기 자랑은 듣는 이를 지치게 하고 반감을 산다. 진짜 프로는 자신의 성과를 팀 덕분이라 말하거나 그 과정에서 배운 점을 이야기한다.

팀장: "모두 수고 많았습니다. 결과가 좋아서 다행이네요."

비호감 팀원: "맞아요, 제가 밤새워서 분석한 자료가 제대로 통했네요."

호감 팀원: "팀장님이 잘 이끌어 주시고, 팀원들이 힘을 모아 줘서 가능했죠. 덕분에 저도 많이 배웠습니다."

3. 선생님이 되려고 하는 사람

조언은 상대가 원할 때 의미가 있다. 먼저 공감부터 하고 이야기를 들어줘야 한다.

후배: "대리님, 요즘 일이 손에 잘 안 잡혀서 많이 힘드네요."

비호감 선배: "지안 씨, 그건 마인드 컨트롤 문제야. 긍정적인 태도랑 시간 관리를 다시 하고, 내가 추천하는 책을 읽어 봐."

호감 선배: "요즘 힘들었구나. 지안 씨, 무슨 일 있었어? 같이 얘기해 볼래?"

4. 인생 선배 부심이 넘치는 사람

자기 경험을 기준으로 상대의 고민을 가볍게 여기는 것은 신뢰를 무너뜨린다. 진정한 선배는 "나 때는 말이야"라는 말로 시작하지 않는다.

팀원: "부장님, 요즘 일이 좀 많습니다. 몇 주째 주말 근무하고

있어요."

비호감 상사: "그 정도로 뭘 그래? 나 때는 한 달 내내 야근해도 군소리 안 했어."

호감 상사: "그랬군요. 업무량을 잘 살펴보지 못해 미안해요. 같이 업무 분담을 조정해 볼까요?"

5. 늘 부정적으로 말하는 사람

부정적인 사람과 대화하면 에너지가 급속도로 빠진다. 팀 분위기마저 망친다. 프로는 힘든 상황에서도 밝고 긍정적인 태도로 상대를 이끈다.

동료 B: "채원 님, 계약이 잘 성사돼서 정말 다행이에요! 공을 많이 들였는데…"

비호감 동료: "이번 건은 운이 좀 좋았던 거 아니에요? 어차피 다음 건 하려면 또 힘들 텐데요, 뭘! 한 건 잘 됐다고 방심할 수 있나요?"

호감 동료: "맞아요! 그동안 애쓴 덕분이에요. 오늘은 맘껏 축하받아요!"

앞서 소개한 호감형 수강생은 첫 번째 유형인 '혼자 말하는 사람'에 가까웠다. 대화를 주고받는 기술이 부족해 대화가 자주 끊기고, 상대에게 질문하지 않아 지루함을 유발했다. 하지만 그는 코칭을 통해 문제를 객관적으로 인식하고, 대화를 이끄는 기술을 익히며 멋지게 변화했다.

이 글을 읽으며 떠오르는 사람이 있는가? 아니면, 이 5가지 유형 중 어딘가에 자신의 모습이 조금이라도 보이지 않는가? 고백하자면 이 내용을 잘 알고 있는 나조차도 때때로 선생님처럼 굴거나 선배 부심이 올라올 때가 있다. 그럴 때면 재빨리 입을 틀어막으려 애쓰지만, 가끔은 그 타이밍을 놓치기도 한다. 어디에서나 환영받는 사람이 되고 싶다면, 적어도 이 5가지 비호감 유형은 피해야 한다. 대화할수록 호감 가는 사람이 되고 싶다면 기억하자.

- 혼자 말하지 말고 질문하자.
- 자기 자랑은 엄마에게만 하자.
- 가르치지 말고 공감하자.
- '나 때'와 지금은 다르다는 것을 기억하자.
- 부정적인 말은 아무짝에도 쓸모없다.

이것은 대단한 기술이 아니라, 상대를 향한 인정과 존중이고, 기본적인 대화 매너이다.

3장

협상 대화

싸우지 않고 원하는 것을 얻는 법

01

✦

원하는 것을 얻으려면 판을 먼저 읽어라

✦

✦

'협상'이라는 단어를 들으면 무엇이 떠오르는가? 보통 거창한 비즈니스 계약이나 외교관의 담판을 상상한다. 하지만 이는 협상의 절반도 보지 못하는 것이다. 강의에서 수강생들에게 협상에 관해 물으면, 90% 이상이 '자신 없다'라거나 '해 본 적 없다'라고 답한다. 나 역시 과거에는 협상이 나와 무관하다고 여겼다. 그래서 무작정 부딪히다가 지는 싸움을 반복했다.

협상은 특별한 사람만 하는 기술이 아니다. 우리가 모두 원하는 것을 얻기 위해 반드시 익혀야 할 생존 기술이다. 협상이란 나의 요구와 상대의 요구가 만나는 모든 지점이다.

쉽게 말해, 타인과 의논하는 모든 과정이 협상이다. 협상은 비단 회의실 안에서만 벌어지는 일이 아니다. 우리 일상의 수많은 순간이 곧 협상 테이블이다. 협상의 주도권을 잡는 사람들의 대화에는 보이지 않는 세 가지 법칙이 숨어 있다.

렌즈 전략 – 말하기 전에 먼저 상황을 보라

사람들은 대부분 대화에 그냥 뛰어들지만, 고수들은 먼저 '협상'이라는 렌즈를 끼고 상황을 관찰한다. 전설적인 협상가 허브 코헨이 "세상은 거대한 협상 테이블이다."라고 말했듯, 우리의 모든 일상은 크고 작은 협상으로 이루어져 있다.

- 직장에서: 업무 분배, 일정 조율, 타 부서와의 협업
- 커리어에서: 연봉 인상, 이직 조건, 팀 이동 요청
- 가정에서: 가사 분담, 자녀 교육, 가족 여행 계획
- 친구·연인 간에: 데이트 계획, 갈등 조정, 민감한 주제 대화
- 모임이나 커뮤니티에서: 역할 분담, 일정 조정, 공통 목표 합의
- 경제 활동에서: 부동산 계약, 차량 구매, 대출 조건 협의

이 모든 순간이 협상 테이블임을 인지하는 것이 첫걸음이다. 판이 어떻게 생겼는지 보지 못하면, 그 판을 주도할 수 없다. 다음 3가지 질문을 자신에게 해야 한다.

'이 자리가 협상 테이블인가?'
'각자가 원하는 것은 무엇인가?'
'보이지 않는 이해관계는 무엇인가?'

A 프로젝트를 내가 더 잘할 수 있다고 생각할 때

렌즈 없이 보기: '팀장님께 A 프로젝트를 내가 맡겠다고 바로 말씀드려야겠다.'

렌즈 끼고 보기: '팀장님은 어떤 점을 가장 우려하실까?', '이 제안이 팀장님께는 어떤 이득이 될까?'

닻의 전략 – 먼저 유리한 대화를 시작하라

협상은 처음 제시된 조건에서 출발한다. 심리학의 '닻 내림 효과' 때문이다. 처음 제시된 숫자나 조건이 기준이 되어,

이후 판단이 그 주변에 묶인다. 상대가 무심코 던진 첫마디가 대화 전체의 기준점이 될 수 있다. 판을 읽었다면, 상대가 닻을 내리게 두지 마라. 내가 먼저 유리한 기준(가격, 조건, 의제 등)을 제시하여 대화의 방향을 주도해야 한다.

A 프로젝트에 대해 팀장과 대화를 시작할 때

상대에게 닻 넘기기 : "팀장님, A 프로젝트 좀 문제가 있는 것 같지 않으세요?"

내가 닻 내리기 : "팀장님, A 프로젝트 효율을 20% 높일 수 있는 방안을 제안드리고 싶습니다."

네이밍 전략 – 내 몫에 명확한 이름을 붙여라

직장 생활을 할 때 나는 반쪽짜리 협상가였다. 고객과의 거래는 능숙했지만, 내 연봉이나 근무 조건에 대해서는 협상을 시도하지 않았다. 성실히 일하면 언젠가 알아줄 거라고 믿었다. 하지만 현실은 냉정하다. 이를 가장 잘 설명하는 말이 있다.

"받을 자격이 있어서 받는 게 아니라, 협상해서 받는 것이다."

묵묵한 성실함만으로는 내 몫을 지키기 어렵다. 내가 어떤 기여를 했는지, 그 가치를 얼마로 평가하는지 명확히 말할 수 있어야 한다. 연봉 인상을 원한다면 구체적인 액수를, 더 나은 조건을 원한다면 그 항목을 정확히 짚어야 한다. 스스로 말하지 못하는 가치는 협상 테이블 위에서 외면당할 뿐이다.

연봉 협상을 원할 때

이름 없는 요구: "팀장님, 제가 올해 정말 열심히 일한 거 아시죠? 프로젝트 성과도 잘 나왔고요. 저도 적절한 보상이 있으면 좋겠습니다."

이름 붙인 요구: "팀장님, A 프로젝트 성과를 바탕으로 내년에는 더 큰 역할을 해 보고 싶습니다. 그에 맞춰 연봉도 10% 정도는 조정됐으면 합니다. 팀장님 생각은 어떠세요?"

여기서 '더 큰 역할'과 '10% 조정'은 내 기여와 기대 보상에 구체적인 이름을 붙인 것이다. 막연한 기대보다 역할과 수치로 구체화된 요청은 상대가 이해하고 결정하기 한결 쉽다.

우리는 눈을 뜨는 순간부터 크고 작은 협상 테이블에 앉는다. 화려한 언변보다 중요한 건 '지금 이 상황이 협상이다'라는 자각이다. 싸우지 않고 이기고 싶다면, 먼저 판을 읽고 자리를 잡아라. 기회는 먼저 판을 읽는 사람에게 주어진다.

퀘스트

협상 테이블 목록 작성하기

일상 속에 숨어 있는 협상 테이블을 찾아 기록해 보자.

- 업무: 내가 요즘 가장 자주 마주하는 협상 테이블은?

  (예: 팀장의 업무 지시, 동료의 협업 요청)

- 커리어: 가까운 미래에 내가 반드시 앉아야 할 협상 테이블은?

  (예: 연봉 협상, 성과 평가 미팅)

- 일상: 내가 무심코 지나쳤던 협상 테이블은?

  (예: 배우자와 가사 분담, 친구와의 약속 정하기)

나의 기록 ✏️

업무 협상 테이블

커리어 협상 테이블

일상의 협상 테이블

02

✦

몸값을 올리려면 로드맵을 선언하라

✦

✦

팀원이었던 D는 협상의 귀재였다. 그는 입사 초기부터 내게 이렇게 말하곤 했다.

"팀장님, 저는 기회가 된다면 미국 본사에서 일하고 싶습니다."

당시에는 그 말이 단순한 희망 사항처럼 들렸다. 하지만 그것은 준비된 선언이었다. 그는 맡은 일을 잘 해내면서, 미국 본사 직원들과도 꾸준히 교류하며 자신의 존재감을 쌓아갔다. 몇 년 후, 그는 꿈에 그리던 미국 본사로 자리를 옮겼다. 그의 성공은 우연이 아니었다. 그는 본능적으로 자신의 가치를 높이는 대화의 원리를 잘 활용하고 있었다.

보통 사람들은 연봉 협상이나 이직 면접처럼 결정적인 순간에 자신의 가치를 증명하려 애쓴다. 반면, 진짜 고수는 평소에 자신의 로드맵을 선언하고, 꾸준히 증명하며, 결국 원하는 것을 얻어낸다. 이것이 '로드맵 선언'이다.

몸값을 끌어올리는 3단계 대화 전략

1단계. 목표 선언(미래) : "저는 이 길을 가고 싶습니다"

목표는 마음속에만 품으면 희망 사항일 뿐이지만, 입 밖으로 꺼내는 순간 이정표가 된다. 핵심은 무엇을 말하느냐가 아니라, 어떻게 말하느냐. 막연한 불만보다, 구체적이고 긍정적인 성장 목표를 말하는 것이 효과적이다.

"팀장님, 요즘 일은 계속 쌓이고, 일한 만큼 인정도 못 받는 것 같아서 고민이에요."

→ "팀장님, 기회가 된다면 전략기획팀에서 일해 보고 싶습니다.

제가 맡는 프로젝트에서 좋은 성과를 내면서 기획 역량도 조금씩 키워 보고 있어요. 제가 더 준비해야 할 부분이 있다면 조언 부탁드립니다"

이처럼 목표를 선언하는 것은 언젠가 떠날 사람이 아니라, 목표가 있기에 더 몰입하고 성장할 사람으로 나를 포지셔닝하는 전략이다.

2단계. 가치 증명(과거) : "제가 이만큼 기여하고 있습니다"

목표를 말했으면, 그 목표를 향해 가는 과정에서 스스로 자신의 가치를 보여 줘야 한다. 단순히 한 일을 나열하기보다 그 일이 어떤 결과를 냈는지 연결해서 말해야 한다.

"저는 지난 분기에 캠페인 기획을 했고, SNS 콘텐츠를 제작했으며, 마케팅 예산 정리도 했습니다."

→ "지난 분기 진행한 SNS 캠페인으로 팔로워 수가 20% 증가했고, 고객 문의도 전월 대비 두 배 늘었습니다. 특히 제가 만든 콘텐츠 중 '007시리즈'는 반응이 가장 좋았고, 이를 기반으로 다음 캠페인도 제안드리고 싶습니다."

성과를 수치와 영향으로 연결 지어 설명하는 것, 그것이 내가 일만 하는 사람이 아니라 '조직에 기여하는 사람'이라는 증거다.

3단계. 과정 공유(현재) : "목표를 향해 이렇게 나아가고 있습니다"

목표는 한 번 말한다고 끝나지 않는다. 중요한 건 묵묵히 기다리는 게 아니라, 노력의 과정을 보여 주는 것이다.

"팀장님께 예전에 마케팅 쪽에도 관심 있다고 말씀드렸잖아요. 그래서 최근에 브랜드 캠페인 회의에 한 번 참여해 봤는데, 실제로 보니까 배울 점도 많더라고요. 저희 팀 업무에도 적용해 볼 수 있는 아이디어들이 꽤 보이고요."

"팀장님, UX 역량 키우겠다고 말씀드렸던 거 기억하세요? 요즘 디자인 툴 강의 들으면서 와이어프레임을 연습 중인데, 이번 프로젝트에서 한 번 시도해 봐도 괜찮을까요?"

이런 과정 공유는 말뿐이 아니라 행동하고 있는 사람이라는 신뢰를 만든다. 결국 기회가 왔을 때, 가장 먼저 떠오르는 사람이 될 수 있다.

내 가치와 몸값은 내가 정해야 한다 - 커리어 로드맵

커리어 로드맵이란 장기적인 관점에서 내가 어떤 역량을 키우고, 어떤 경험을 쌓아, 어떤 위치로 성장할 것인지에 대한 계획을 말한다. 단순한 희망이나 꿈이 아니라, 현재 위치를 출발점으로 삼아 구체적인 경로와 목표를 설정한 전략적 계획이다. 이러한 로드맵 선언은 다음과 같은 상황에서 강력한 힘을 발휘한다.

  - 이직을 준비하며 자신의 가치를 설득해야 할 때
  - 연봉이나 직급 인상을 명확히 요구해야 할 때
  - 커리어 방향을 리더나 멘토에게 공유하고 지원을 얻고 싶을 때
  - 주도적인 역할이나 프로젝트를 맡고 싶을 때
  - 새로운 부서 이동이나 직무 전환 등으로 커리어의 폭을 넓히고 싶을 때

내 몸값을 정해 주는 타인은 없다. 내가 만족할 만큼의 가치를 인정받고 싶다면, 스스로 로드맵 선언을 해야 한다.

- (선언-미래) 내 목표를 구체적이고 긍정적인 문장으로 바꿔 말하라.
- (증명-과거) 내 성과가 어떤 결과로 이어졌는지 연결해서 설명하라.
- (공유-현재) 목표를 잊지 않고 계속 움직이고 있음을 말하라.

마지막으로 기억해야 할 로드맵 선언에 관한 두 가지 실전 팁이 있다.

첫째, 선언은 이직 예고가 아니다. "저는 여기서 더 크게 성장하고 싶어요."라는 성장의 약속으로 들려야 한다. 목표를 말할 때는 지금 자리에서 최선을 다하겠다는 의지를 함께 담아야 한다.

둘째, 누구에게나 말하지 마라. 선언은 들어줄 준비가 된 사람에게만 하자. 성장을 응원하는 리더에게는 전략이고, 오해하는 상사에겐 도망칠 궁리로 들릴 수 있다.

로드맵 선언문 작성하기

가까운 미래에 이루고 싶은 목표를 생각해 보자. 그 목표를 달성하기 위한 상황을 설정하고 로드맵을 기록해 보자.

[예시] 1년 차 마케터가 자신의 성장 가능성을 증명하고 싶은 상황

1. 목표 선언 문장(미래)

"앞으로 1년 안에 데이터 분석 역량을 키워서 마케팅 전략을 짜는 데 도움 되고 싶습니다."

2. 가치 증명 문장(과거)

"제가 제안했던 자동화 시스템 덕분에 팀 주간 업무 시간이 한 시간 줄었습니다."

3. 과정 공유 문장(현재)

"요즘 온라인 강의를 들으며 실습 중인데, 몇 가지 아이디어가 떠올랐습니다."

나의 기록 ✏️

1. 목표 선언 문장(미래)

----

2. 가치 증명 문장(과거)

----

3. 과정 공유 문장(현재)

03

✦

Yes로 공감하고, And로 주장하라

✦

✦

협상 테이블에 앉으면 종종 딜레마에 빠진다. '내 주장을 해야 하는데, 어떻게 상대 입장을 이해하지?'

많은 사람이 공감을 '동의'라고 오해한다. 하지만 공감은 동의가 아니라 이해의 표현이다. '당신의 입장을 이해하고 있다'라는 신호만으로도 상대의 마음은 열린다.

'Yes로 공감하고, And로 주장하라.'

이 순서를 지키면, 상대는 방어 대신 협력의 자세를 갖게 된다.

과거 우리 회사에 꾸준히 일을 맡기던 고객이 있었다. 어느 날 그가 말했다. "사실 얼마 전, 다른 대행사와 한번 일해 봤어요. 그런데 너무 실망해서 다시 돌아왔습니다." 이후 그는 회사를 옮긴 뒤에도 우리와 거래를 이어갔다. 그가 우리를 신뢰한 이유는 하나였다. 우리는 항상 그의 입장을 깊이 이해하고, 그에 맞춰 움직였다. 단순한 대행사가 아닌, 그의 목표를 함께 고민하는 파트너였다. 공감은 신뢰를 만들고, 신뢰는 논리보다 강한 협상의 무기가 된다.

동의하지 않고 이해를 보여 주는 연결의 말

공감은 "당신이 맞습니다."가 아니라 "당신의 입장을 이해합니다."라는 말이다. 이 차이를 아는 것이 협상의 출발점이다. 어렵지 않다. 반대 의견이나 무리한 요구가 나와도, 다음과 같은 문장으로 대화를 시작해보자.

"이해합니다."
"그렇게 생각하실 수 있습니다."

"충분히 공감합니다."

예를 들어, 클라이언트가 무리한 예산 삭감을 요구하는 상황이라고 가정해 보자.

"그 가격에는 어렵습니다. 저희 원가도 있는데요."
→ "대표님 입장에서 예산이 가장 중요하다는 점, 충분히 이해합니다."

공감으로 시작하면 상대는 다음 말을 들을 준비가 된다. 하지만 많은 사람이 바로 그다음에 결정적인 실수를 한다. 바로 '그런데'를 사용하는 것이다.

"충분히 공감합니다. 그런데 제 생각은 다릅니다."

이 한마디는 앞서 했던 모든 공감의 말을 지워 버린다. 마치 "공감하는 척했지만, 결국 당신은 틀렸어요."라고 말하는 것과 같다. 이때 필요한 단어는 '그런데'가 아닌 '그리고'다. '그리고'를 쓰면 상대의 입장과 나의 의견이 대립이 아닌 확장과 연결로 이어진다.

"대표님 입장을 충분히 이해합니다. 그런데 그 가격은 어렵습니다."

→ "대표님 입장을 충분히 이해합니다. 그리고 저희가 더 나은 결과물을 위해 몇 가지 제안을 드리고 싶은데, 괜찮을까요?"

이 단어 하나가 협상의 분위기를 바꾼다. 공감의 진심은 상대에게 마음을 열 기회를 주고, '그리고'는 내 의견이 설 자리를 만든다.

진짜 공감은 세상을 보는 나의 그릇을 키운다

대부분 사람들은 '선택적 공감'을 한다. 좋아하는 사람, 친한 사람에게는 공감하고, 그렇지 않은 사람에게는 벽을 친다. 직장에서는 성향이 비슷한 동료의 말만 귀 기울이고, 가정에서는 특정 자녀에게만 더 공감하는 일이 흔하다. 그러나 협상에서 공감은 선택이 아니다. 기본적으로 장착되어야 할 역량이다. 상대의 관점 속에서 기회의 실마리를 찾고, 다른 생각을 하는 사람과도 연결될 수 있어야 진짜 공감이다. 그리고 그것이 곧 협상의 실력이다.

나 역시 공감이 서툴던 시절이 있었다. 감정적 대화가 힘들었고, 가족과의 갈등도 자주 겪었다. 그 시기엔 집안 곳곳에 '공감'이라는 글자를 붙여 놓고 의식적으로 훈련했다. 꽤 효과적이었다. 공감은 타고나는 게 아니라 익혀야 하는 기술이다.

협상에서 중요한 건 내가 하고 싶은 말이 아니다. 내가 먼저 할 말은, "네Yes, 그리고And"이다. 그 한마디가 갈등을 대화로 바꾸고, 싸움 없이 이기는 길을 연다.

04

✦

원하는 결론을 정하고 질문을 던져라

✦

✦

누가 봐도 호감형이고 공감 능력도 뛰어난데, 이상하게 성과는 없는 사람이 있다. 과거 내가 코칭했던 자동차 영업 사원이 그랬다. 그는 고객과 좋은 관계를 맺는 데는 탁월했지만, 계약서에 도장을 받지 못했다. 문제는 마지막 한마디였다.

"오늘 계약하시겠어요?"

그는 마지막에 대화의 주도권을 넘겼다. 성과를 만드는 사람은 말의 흐름도 스스로 설계한다. 원하는 결론을 미리 설정한 뒤, 그 틀 안에서 상대가 선택하게 만든다. 이것이 바로 '결론 세팅법'이다.

질문의 틀을 바꾸면, 원하는 답을 얻는다

결론 세팅법은 심리학의 '더블 바인드' 기법과 유사하다. 둘 다 '예/아니요'가 아닌 'A 혹은 B'의 방식으로 선택지를 제시해, 상대가 자연스럽게 의도한 방향으로 움직이도록 유도한다. 하지만 결론 세팅법은 단순히 선택을 유도하기보다는 처음부터 대화의 결론을 미리 정해 두고, 그 틀 안에서 질문을 설계한다는 점에 더 초점을 둔다. 행동경제학에서는 이런 현상을 '프레이밍 효과'라 부른다. 같은 질문이라도 어떤 틀로 제시하느냐에 따라 사람들의 판단과 선택은 전혀 달라질 수 있다.

허락을 구하는 질문 (NO의 가능성을 열어 둠)

"이번 주말에 만날까요?"

"제가 승진 대상인가요?"

"계약하시겠어요?"

결론을 세팅하는 질문 (YES를 전제함)

"주말에 영화 볼까요, 교외로 드라이브 갈까요?"

"제가 이번에 승진 대상인가요, 다음에 승진 대상인가요?"

"A와 B 중에서 어떤 상품으로 계약하시겠어요?"

전자는 결정권을 상대에게 넘기지만, 후자는 이미 결론을 전제로 두고 구체적으로 '어떻게 할 것인가'만 묻는다. 예외도 있지만, 사람들은 대부분 질문의 틀 안에서 답을 고르려는 성향이 있다.

결론을 세팅했다면, 이미 결정된 것처럼 말하라

형식만 바꾸는 것으로는 부족하다. 말하는 태도도 이미 결정된 사실처럼 자연스럽고 확신에 차 있어야 한다. 스티브 잡스는 이 기술의 달인이었다. 그는 아직 출시되지 않은 제품을 마치 세상을 바꾼 것처럼 소개했다. 나도 이벤트 기획 사업 초기에 이 기술을 자주 썼다. 경험은 부족했지만, 서비스에는 자신이 있었다.

"저희에게 맡겨 주실지 결정되면 연락 주세요."
→ "행사 장소와 계약 일정 정해지면 알려 주세요. 저희도 그 일정에 맞춰 준비하겠습니다."

자신감 있는 어조와 태도는 상대에게 '이미 이쪽으로 정해졌다'라는 인상을 준다.

결론을 세팅한 질문은 협상에서 대화의 주도권을 지키는 핵심 기술이다. 상대의 선택을 존중하면서도 원하는 방향으로 대화를 이끌 수 있기 때문이다. 물론 이 기술은 단순한 말재주가 아니라, 그 결론을 현실로 만들 수 있는 실행력과 신뢰가 전제되어야 한다.

협상은 서로의 이해관계가 얽힌 복잡한 대화다. 주도권 없이 흐름을 내주는 순간, 조건과 결과는 상대의 손에 넘어간다. 반대로 결론을 미리 설정하고 질문을 설계하는 사람은 원하는 지점으로 협상의 방향을 유도할 수 있다. 대화를 시작하기 전, 먼저 자신에게 물어보자.

"내가 원하는 결론은 무엇인가?"

그 답을 명확히 정하고 나면, 질문은 단순한 대화가 아니라 전략이 된다.

05

✦

협상을 주도하는 5가지 감정 마스크

✦

✦

기업 행사를 진행하다 보면, 갑과 을의 신경전은 주로 예산에서 벌어진다. 우리 역시 더 나은 결과를 위해 추가 자원을 요청했고, 고객사는 늘 '최소 비용, 최대 효과'를 외쳤다. 대다수 고객은 우리를 파트너로 존중해 줬지만, 어느 날 전혀 다른 태도의 담당자를 만났다.

"이 정도 예산이면 충분하지 않아요? 정해진 예산대로 하면 되는 거지, 뭘 그렇게 유난을 떨어요?"

상당히 무례한 말이었다. 나는 날카롭게 맞받아쳤고, 그 프로젝트는 무산됐다. 남은 것은 감정을 조절하지 못한 내 흑역사뿐이었다. 그 경험 이후, 나는 무례한 사람을 만나도 감정을 다스릴 수 있게 되었다. 협상은 논리의 싸움이자 감정의 싸움이다. 인간은 감정의 동물이고, 감정을 먼저 드러낸 쪽이 흔히 지게 된다. 감정을 숨기고 상황에 맞는 표정을 선택해 연기하는 사람은 평정심을 유지하며 원하는 결과를 얻는다. 나는 이것을 '감정 마스크'라 부른다.

상황을 지배하는 5가지 감정의 가면

감정 마스크란 내면의 감정을 억누르고 전략적으로 특정 감정을 연기하는 기술이다. 다양한 상황에 대비해 갖춰야 할 다섯 가지 감정 마스크는 다음과 같다.

1. 탐험가의 마스크 – 상대의 속내를 탐색하는 관찰자

상대의 진짜 의도나 숨은 메시지를 파악해야 할 때 유용하다. 호기심 어린 표정과 진심 어린 질문으로 접근하자.

"그렇게 생각하신 이유를 조금 더 들어볼 수 있을까요?"

2. 평화의 여신 마스크 - 갈등을 진정시키는 중재자

대화가 감정적으로 흐르거나, 상대가 격해졌을 때 필요한 표정이다. 따뜻하고 공감 어린 말 한마디가 분위기를 바꾼다.

"그렇게 느끼신 점, 충분히 공감합니다."

3. 재즈 연주자 마스크 - 변화에 유연하게 반응하는 즉흥 연주자

예상치 못한 변수나 돌발 상황이 발생했을 때, 놀라기보다 흥미로운 표정으로 새로운 흐름에 올라타자.

"그 방식도 흥미롭네요. 같이 고민해 볼까요?"

4. 용사의 마스크 - 원칙을 지키는 단호한 수호자

핵심 이익이나 마지노선을 지켜야 할 때 필요한 얼굴이다. 흔들림 없이 강단 있는 목소리로 말해야 한다.

"이 부분은 저희의 핵심 원칙이라 꼭 지켜야 합니다."

5. 철학자의 마스크 – 감정을 숨기고 침묵하는 사색가

즉각적인 대응보다 침묵이 유리할 때, 감정 없는 표정으로 시간을 벌자. 말없이 기다리는 것만으로도 흐름을 바꿀 수 있다.

(말없이 상대의 말을 듣고, 생각에 잠긴 표정 유지)

가면 뒤에 숨지 말고, 가면을 활용하자

'가면을 쓰라'라는 말에 거부감을 느끼는 사람도 있을 것이다. 하지만 이것은 위선이 아니라 최선의 결과를 위한 전략적 연기다.

실제로 80년간의 심리학 연구가 이를 뒷받침한다. '역할 수행 연구'에 따르면, 특정 역할을 연기할 때 실제로 그 역할에 맞는 행동이 나타난다. 또한 '체화된 인지 이론'은 몸의 자세와 움직임이 마음과 인지에 직접적 영향을 미친다고 설명한다.

즉, 그런 척하는 연기가 실제로 나를 변화시킨다. 우유부단한 사람도 '용사의 마스크'를 쓰면 결단력 있게 말할 수 있다. 감정이 앞서는 사람도 '철학자의 마스크'를 쓰면 말을 삼킬 수 있다. 가면은 내 단점을 감추는 것이 아니라, 더 나은 나를 불러내는 과학적인 도구다. 성격보다 중요한 것은 상황에 맞게 역할을 바꾸는 능력이다. 이것이 프로와 아마추어를 나눈다.

이 기술이 어렵게 느껴진다면 작은 상황에서부터 연습해보자. 예를 들어, 친구에게 조언하고 싶을 때, '평화의 여신 마스크'를 쓰고 그저 들어주는 것부터 시작하자. 그 사소한 연기가 내 감정을 조절하고, 관계를 바꾸는 힘이 된다.

우리는 이미 연기하며 살아간다. 집에서와 직장에서 똑같이 말하고 행동하는 사람은 없다. 단지 지금보다 조금 더 다양한 가면을 쓸 준비만 하면 된다. 가면을 쓰는 순간, 최고의 내가 등장한다.

감정 마스크 쓰기

감정이 아닌 전략이 필요한 상황을 하나 떠올려 보자. 그 상황에서 어떤 마스크를 쓸지 고민하고 실제로 연기해 보자.

[예시] 팀 회의에서 내 의견에 반대하는 동료와 대화하는 상황

① 내가 선택할 가면:
(탐험가의 가면 - 왜 그 동료가 반대하는지 진짜 이유를 탐색하겠다.)

② 가면을 쓰고 할 말 또는 행동:
("제가 놓친 부분이 있었을 수도 있겠네요. 좀 더 자세히 들어보고 싶어요.")

나의 기록 🖍

상황은?

\-

내가 선택할 가면은?

\-

가면을 쓰고 할 말 또는 행동은?

\-

06

✦

논쟁을 피하려면 룰을 만들어라

✦

✦

어느 조직에나 정의의 사도를 자처하는 에이스가 있다. 예를 들어, K 대리는 일 처리는 완벽했고 논리도 탄탄했다. 문제는 그의 입에서 나오는 말들이었다.

"그건 비효율적입니다."

"원칙에 어긋나는데요."

그는 틀린 것을 보면 바로잡아야 직성이 풀렸다. 하지만 동료들은 그를 프로불편러, 시한폭탄이라 불렀다. 그는 몰랐다. 논쟁에서 이기는 것보다, 애초에 논쟁이 생기지 않도록 룰을 만들어야 한다는 것을.

조직에서 갈등을 줄이려면 개인의 기준이 아닌, 모두가 납득할 수 있는 공통의 기준, 즉 시스템으로 말해야 한다.

목표에 집중하기 위한 3가지 룰 만들기

사전에 합의된 규칙, 즉 룰북이 없다면 선의로 시작된 협업이 책임 공방으로 끝날 수도 있다. 나 또한 과거에 '네버엔딩 협의'로 기운을 다 빼고, 비효율적으로 일을 진행한 경험이 많다. 감정 소모 없이 목표에만 집중하기 위해, 시작하기 전에 반드시 합의해야 할 3가지 룰이 있다.

소통 규칙 만들기

업무 방식과 커뮤니케이션 규칙을 사전에 정하면, 오해와 불만을 줄일 수 있다.

"이번 프로젝트는 속도가 중요하니, 매일 오후 5시에 10분 미팅을 하겠습니다. 피드백은 슬랙에 남겨 기록을 누락하지 않도록 하죠."

최종 결정권자 정하기

의견이 갈릴 경우, 누가 결정을 내릴지 미리 정해 두면 불필요한 논쟁을 줄일 수 있다.

"조율이 어려운 사안은 디자인팀 C 팀장님이 결정하시고, 우리는 그 결정에 따르는 걸로 합시다."

공동의 목표를 명확히 하기

'우리는 왜 함께 일하는가?'라는 질문에 답이 있어야 한다. 자칫 개인의 감정이나 이해관계가 판단을 흐릴 수 있기 때문이다.

"이번 3분기 팀의 목표는 신규 고객 재구매율 30%입니다. 각자의 의견도 중요하지만, 모든 판단 기준은 이 목표에 맞춰야 해요."

논쟁에서 우아하게 빠져나오는 3가지 기술

룰이 아무리 잘 짜여 있어도 예상치 못한 충돌은 생긴다. 이럴 때 감정싸움이 아닌 '경기 운영'에 집중해야 한다. 논쟁을 피한다는 건 무조건 참거나 회피한다는 뜻이 아니다. 감정적인 승부가 아닌, 협력적 해결로 흐름을 전환하는 전략이다. 다음 3가지 방법이 있다.

작전 타임 요청하기 (침묵의 시간 갖기)

분위기가 격해지면, 잠시 시간을 갖자. 냉각 시간은 감정 대신 이성이 돌아올 기회를 준다.

"10분 정도 쉬었다가 다시 이야기 나누면 어떨까요?"

심판에게 판독 요청하기 (신뢰하는 중재자 찾기)

해결이 어려울 땐, 양측이 모두 신뢰할 수 있는 제삼자에게 판단을 맡기는 것이 현명하다.

"이건 저희끼리 풀긴 어려울 것 같아요. 부장님 의견을 듣고 따르죠."

결과에 승복하기 (경기 후의 매너 갖추기)

논쟁에서 졌다고 뒤끝을 남기면 팀워크가 무너진다. 결정에 깨끗이 따르는 태도가 신뢰를 만든다.

"제 의견과 달랐지만, 결정된 사항이니 최선을 다하겠습니다."

논쟁에서 이기는 것이 유능함의 증거라고 믿는 사람들이 있다. 하지만 유능한 사람은 적을 만들지 않고 자기 역할을 완수하며, 논쟁의 상대까지도 '내 편'으로 만든다.

데일 카네기는 『카네기 인간관계론』에서 이렇게 말했다.

"논쟁에서 이기는 유일한 방법은 논쟁을 피하는 것이다."

논쟁에서 이기는 것보다 중요한 것은 함께 뛰어 줄 동료를 남기는 것. 그것이 진짜 승리다.

대화 인사이트
뇌리에 핵심을 심는 말하기의 묘수, 간단구생의 법칙

"말을 더 잘하려면 어떻게 해야 하나요?"

내가 가장 자주 받는 질문이다. 사람들은 자기 생각을 명확히 전달하는 법을 끊임없이 고민한다. 연사의 발표를 코칭하다 보면, 스크립트가 장황해서 본인도 길을 잃는 경우가 종종 있다. 스크립트가 간결하고 구체적이면, 말하는 사람은 자신 있고, 듣는 사람은 쉽게 이해할 수 있다.

상대를 원하는 목적지까지 정확하게 안내하는 말하기 기술이 바로 '간단구생의 법칙'이다. '간결하게 구성하고, 생생하게 전달하라'라는 이 원칙만 기억하면 어떤 상황에서도 강력한 전달력을 가질 수 있다.

1. 간결한 메시지 – 더하지 말고 빼라

사람의 뇌는 긴 설명보다 짧고 핵심적인 정보를 더 잘 기억한다. 전하고 싶은 내용이 많더라도, 가장 중요한 메시지 한두 개만 남기고 나머지는 과감히 덜어 내야 한다. 상사에게 핸드믹서 신제품을 설명하는 상황을 살펴보자.

장황한 표현

"이번 신제품은 최첨단 기술을 사용해서 개발되었고, 사용자들에게 탁월한 사용 경험을 제공합니다. 또, 이 제품은 에너지 효율성이 높아서 환경에도 더 친화적입니다."

간결한 표현

"이번 신제품은 사용이 편리하고, 에너지 효율이 높아 환경에도 친화적입니다."

2. 단순한 문장 – 중학생도 이해하도록 말하라

아무리 좋은 말도 상대가 이해하지 못하면 의미가 없다. 전문 용어나 복잡한 표현은 피하고, 누구나 이해할 수 있는 짧고 쉬운 문장으로 말하자.

단순한 표현

"이번 신제품은 사용하기 편리하고, 에너지 효율이 높습니다."

3. 구체적인 묘사 – 머릿속에 그림을 그려주듯 말하라

막연한 말은 아무런 이미지도 남기지 않는다. 숫자나 비유, 구체적인 장면을 사용해 눈앞에 그려지듯 전달해야 한다.

구체적인 표현

"이번 신제품은 버튼 하나만 누르면 작동되고, 기존 제품보다 에너지 효율이 30% 높습니다."

4. 생생한 표현 – 배우처럼 감정을 실어 말하라

같은 말도 감정을 담아 전달하면 훨씬 더 기억에 남는다. 말할 때는 표정, 손짓, 목소리 톤까지 활용해 연기하듯 표현해 보자.

생생한 표현

(미소를 지으며) "이번 신제품은 버튼 하나만 누르면 작동되고,"
(손가락 세 개를 펴 보이며) "기존 제품보다 에너지 효율이 30%나 높습니다!"

간단구생은 유창하게 말하는 기술이 아니다. 이것은 철저히 듣는 사람 중심의 말하기 전략이다. 자기 생각을 명확히 전달하지 못하면서 상대가 설득되기를 기대해서는 안 된다. 내가 하고 싶은 말이 아니라, 상대의 머릿속에 남는 말을 하는 것. 이것이 일 잘하는 사람의 핵심 기술이자, 소통의 기반이다. 이 원칙을 온전히 자기 것으로 만들고 싶다면, 두 가지 훈련을 반복해 보자.

첫째, 자신의 말을 녹음해 글로 옮겨 보는 것이다. 말이 복잡하거나 핵심이 흐려지지는 않았는지 점검한 뒤, 간단구생 원칙에 따라 고쳐 보자.

둘째, 좋은 책을 필사해 보는 것이다. 간결한 자기계발서나 묘사가 생생한 소설을 따라 쓰다 보면, 자연스럽게 좋은 문장 구조를 익히게 된다.

4장

관계 대화

당당하게 말하고 좋은 사람으로 남는 법

01

✦

상처 주지 않고 문제를 지적하는 법

✦

✦

'이 말을 해야 할까, 말아야 할까?'

우리는 하루에도 몇 번씩 고민한다. 동료의 실수를 바로잡고 싶다가도, 그 말이 관계를 해칠까 두렵다. 좋은 의도로 건넨 조언이 오히려 상처로 돌아온 경험, 누구나 한 번쯤 있을 것이다. 왜 이런 일이 생길까? 우리는 '무엇을^{What}' 말할지에는 집중하지만, '언제^{Time}, 어디서^{Place}, 어떤 태도^{Attitude}로' 말해야 하는지는 종종 놓친다. 하지만 진짜 설득은 말의 정당성이 아니라, 이 세 가지 조건에 달려 있다. 상대에게 상처가 아닌 성장을 남기고 싶다면, '지적의 T.P.A. 원칙'을 기억하자.

지적을 위한 최적의 시간과 장소를 찾아라

격한 감정 상태에서는 아무리 옳은 말도 들리지 않는다. 상대가 내 말을 받아들일 준비가 되었을 때, 즉 감정의 불씨가 가라앉은 후에 말해야 한다. 러시아 여제 예카테리나 2세는 이렇게 말했다.

"크고 떠들썩하게 칭찬하고 보상하며, 조용히 비난하라."

지적은 반드시 사적인 공간에서 조용히 이루어져야 한다. 공개된 자리에서의 지적은 상대의 자존심을 건드리고 방어를 유발한다. 그 순간 설득의 문은 닫히고 만다.

상대를 변화시키는 태도의 4단계 공식

시간과 장소가 적절하다면, 이제는 어떻게 말할 것인가의 문제다. 다음 4단계는 상대의 저항을 줄이고, 긍정적인 변화를 이끌어 내는 가장 효과적인 접근법이다. 다음 예시는 회의 시간에 집중하지 않는 팀원을 지적해야 하는 상황이다.

1단계. 긍정으로 시작하라

변화를 원한다면, 먼저 마음의 문을 열어야 한다. 칭찬과 인정은 방어를 낮추는 가장 강력한 열쇠다.

"채영 님은 집중력이 뛰어나고, 맡은 일에 책임을 다하는 분이라고 생각해요."

2단계. 문제는 하나만 짚어라

너무 많은 지적은 공격처럼 들릴 수 있다. 바꾸고 싶은 단 하나의 행동에 집중하라.

"오늘 회의에서 제가 발표하는 동안, 채영 님이 계속 휴대폰을 봐서 좀 당황했어요."

3단계. 질문으로 스스로 깨닫게 하라

지시보다는 질문이 효과적이다. 상대가 스스로 느끼고 선택하도록 유도하자.

"혹시 급한 일이 있었을까요? 제가 잘못 이해하고 있는 부분이 있다면 말씀해 주세요."

4단계. 간결하게 마무리하라

말이 길어지면 설득은 힘을 잃는다. 핵심을 전달했다면, 짧게 마무리하며 여운을 남기자.

"솔직하게 말해 줘서 고마워요. 앞으로 회의할 때는 다 같이 집중해서 좋은 결과 만들어 봐요."

의미 있는 지적은 상대를 변화시킨다

지적은 비난이 아니다. 그 목적은 옳은 말이 아니라 긍정적인 변화다. 아무리 정확한 말이라도 상대의 행동을 바꾸지 못했다면, 그것은 결국 공기 중을 떠도는 소음에 불과하다. 예전의 나는 상대가 내 말을 이해하지 못하면 설명을 길게 늘어놓곤 했다. 하지만 그럴수록 효과는 줄고, 내 말은 잔소리가 되어 버렸다.

성공적인 지적은 올바른 말이 아니라 상대가 스스로 움직이게 만드는 말이다. T.P.A.를 갖춘 한마디가 동료와 팀원을 유능한 인재로 성장시키는 강력한 설득이 될 수 있다.

피드백 시나리오 작성하기

누군가에게 하고 싶지만 미뤄왔던 지적이 있다면, 아래 구조에 따라 작성해 보자.

[예시] 보고서 마감일을 자주 놓치는 팀의 후배

① 긍정 / 칭찬:

"세윤 님은 자료 조사나 구성은 정말 꼼꼼하게 잘하시잖아요."

② 문제 행동 언급:

"지난주처럼 마감일이 계속 늦어지면 팀 전체 일정에 영향이 생겨서 걱정이에요."

③ 질문 / 이해 유도:

"혹시 다른 업무가 겹쳤던 건가요? 어려운 점이 있었던 건 아닌지 궁금해요."

④ 간결한 마무리 :

"그럼 다음 보고서는 꼭 마감일 안에 마무리해 봐요. 같이 도와
드릴 부분이 있으면 말해 주세요."

나의 기록 ✏️

누구에게?

----

1. 긍정/칭찬

----

2. 문제 행동 언급

----

3. 질문/이해 유도

----

4. 간결한 마무리

02

✦

상대를 친구로 만드는 부탁의 원칙

✦

✦

'부탁'이라는 말만 들어도 마음이 무거워지는 사람들이 있다. 거절당할까 봐 걱정되고, 괜히 민폐를 끼치는 것 같아 미안함이 앞서기 때문이다. 나 역시 그랬다. 그런데 부탁을 잘하면 오히려 관계가 깊어지고 일의 효율도 극적으로 올라간다는 사실을 아는가?

미국의 정치가 벤저민 프랭클린은 자신을 싫어하던 동료 의원에게 희귀한 책을 일부러 빌려 달라고 부탁했다. 그리고 책을 돌려주며 진심 어린 감사 인사를 전한 뒤, 두 사람은 평생 친구가 되었다. 이처럼 호의를 받은 사람보다 호의를 베푼 사람이 상대를 더 좋아하게 되는 심리 현상을 '벤저민 프랭클린 효과'라고 부른다.

잘 설계된 부탁은 부담이 아니라, "나는 당신의 능력을 믿고 의지합니다"라는 신뢰의 표현이다. 상대는 내 성공에 기여하며 보람을 느끼고, 나를 더 긍정적으로 받아들인다.

지금부터 부담스러운 부탁을 관계의 기회로 바꾸는 원칙을 살펴보자.

부담을 기회로 바꾸는 부탁의 4가지 원칙

1. 명확하게 요청하라 (무엇을, 왜)

두루뭉술한 부탁은 상대를 혼란스럽게 만든다. 내가 무엇을 원하는지, 왜 그것이 필요한지를 명확하게 설명해야 한다. 요청의 핵심이 분명해야 상대도 어떻게 도울 수 있을지 판단할 수 있다.

2. 시간을 배려하라 (언제)

상대의 시간과 감정을 고려하는 것이 부탁의 기본이다. 마감에 쫓기거나 스트레스를 받는 상황이라면, 사소한 부탁도 부담이 될 수 있다. 대화를 시작할 때 "지금 잠깐 시간 괜찮으세요?" 같은 한마디 배려가 부탁의 성패를 가른다.

3. 거절할 자유를 열어 줘라 (선택권)

좋은 부탁의 핵심은 상대에게 거절할 자유를 주는 것이다. "혹시 이 부분만 도와주실 수 있을까요?"처럼 선택지를 주거나, "부담되시면 편하게 말씀해 주세요."라는 문장을 덧붙여 퇴로를 마련해야 한다. 거절의 자유가 보장되면, 오히려 상대는 더 열린 마음으로 도와주려는 경향을 보인다.

4. 진심으로 감사하라 (부탁 그 후)

부탁을 들어줬다면 구체적인 칭찬과 함께 진심 어린 감사를 전해야 한다. 거절당한 경우라도 시간을 내어 들어준 것 자체에 감사하는 태도가 필요하다. 결과와 상관없이 나의 부탁에 마음을 써 준 상대에게 감사를 표현하는 것, 이것이 관계를 더욱 단단하게 만든다.

예시를 살펴보자. 프로젝트 제안서를 급하게 작성해야 해서 동료에게 부탁하는 상황이다.

· 잘못된 부탁

"예린 님, 바빠요? 내일까지 보고서 끝내야 하는데 좀 도와주세요. 급해서 그래요. 부탁 좀 할게요."

· 올바른 부탁

"예린 님, 잠깐 시간 괜찮으세요? 부탁이 있어서요."(2단계: 시간 배려)

"프로젝트 제안서 마감이 내일로 당겨졌어요."(1단계: 상황 설명)

"괜찮으시면, 데이터 파트만 검토해 주실 수 있을까요? 이 분야는 예린 님이 전문가시니까요. 혹시 어려우시면 말씀해 주세요."(3단계: 선택권 부여)

"도와주시면 정말 큰 힘이 될 거예요."(4단계: 진심 어린 감사)

'잘못된 부탁'에서는 상대방의 상황을 고려하지 않았고, 부탁이라고 말하지만 요청하는 것처럼 보이고, 정중하지도 않다. 상대방의 입장이라면 당황스럽고 불쾌할 수도 있다. '올바른 부탁'에서는 상대방의 타이밍을 먼저 확인했다. 싱

황 설명도 구체적이고, 상대방이 수용할 수 있는 범위를 선택하도록 했다. 센스 있게 감사 표현도 했다.

현명한 부탁은 관계도, 성과도 바꾼다

이벤트 기획 사업을 시작했을 때, 나는 정말 많은 부탁을 했다. 트위터로 알게 된 이벤트 업계의 대가에게 찾아가 한 수 가르쳐 달라고 했고, 마케팅 회사의 행사를 맡으면서는 대표에게 회사를 성장시킬 수 있는 아이디어를 나눠 달라고 했다. 그들은 기꺼이 자신의 노하우와 아이디어를 나누며 도움을 주었다.

부탁은 관계에 금이 가는 적신호가 아니라, 신뢰를 확인하는 청신호다. 물론, 지나치게 자주 부탁만 하는 사람은 피로감을 줄 수 있다. 도움이 필요할 때, 정교하게 설계된 부탁 하나는 문제를 해결해 줄 뿐 아니라, 든든한 지원군을 만들어 준다. 거절을 두려워하지 말고, 상대에게 내 성공에 기여할 기회를 선물해 보자.

03

✦

하고도 욕먹는 사과, 하고서 인정받는 사과

✦

✦

　직장에서 실수로 밤잠을 설쳐 본 적 있는가? 제때 사과하는 건 기본이지만, 이상하게도 사과를 했는데도 욕을 먹는 경우가 있다. 동료의 신뢰를 잃고, 책임감 없는 사람으로 낙인찍히는 것이다.

　이유는 사과의 목적을 오해하기 때문이다. 아마추어의 사과는 비난을 피하려는 방어에 가깝지만, 프로의 사과는 상황을 책임지고 해결하겠다는 신뢰의 선언이다. 제대로 된 사과는 무너진 신뢰를 회복하는 것을 넘어, 오히려 더 단단한 관계를 만드는 기회가 될 수 있다.

최악의 사과 vs. 최상의 사과

최악의 사과는 두 가지다. 변명이 앞서는 사과와 책임감 없는 '책임지겠다'라는 말이다.

"재민 님, 죄송한데 어제까지 해야 하는 일을 다 못했어요. 일이 너무 많아서요. 최대한 빨리하겠습니다."

겉으로는 사과지만, '일이 많아서'라는 이유가 붙는 순간 진심은 사라지고 말은 변명으로 들린다. 듣는 사람은 '그래서 내 탓은 아니라는 건가?'라는 반감을 느끼게 된다.

비슷한 실수를 한 두 직원이 있었다. A 직원은 실수를 인정하고 재발 방지를 약속했다. 이후 그는 회사의 핵심 인재로 성장했다. 반면 B 직원은 당황하며 "죄송합니다. 제가 손해 배상하겠습니다."라고 말했다. 책임감 있어 보일 수 있지만, 이는 사실상 '돈으로 상황을 끝내고 싶다'라는 회피에 가깝다. 그는 이후에도 비슷한 실수를 반복했고, 결국 회사를 떠나게 됐다.

그렇다면 인정받는 사과는 어떻게 해야 할까? 신뢰를 회복하는 사과에는 다음의 3단계가 있다.

1단계. 즉시, 조건 없이 인정하라.

실수를 인지했다면, 가장 먼저 해야 할 일은 빠르게 그리고 변명 없이 잘못을 인정하는 것이다. "정말 죄송합니다."라는 말이 가장 먼저 나와야 한다.

2단계. 명확한 해결책을 제시하라.

사과만으로는 부족하다. 실수를 어떻게 바로잡을지, 구체적인 해결 방법을 함께 제시해야 한다. 이는 책임감과 문제해결 능력을 보여 주는 핵심이다.

3단계. 재발 방지를 약속하고 증명하라.

같은 실수를 반복하지 않겠다는 의지를 드러내고, 이를 실제 행동으로 보여 줘야 진정성이 전달된다.

이 세 가지 원칙을 적용하면, 앞서 잘못된 사례는 다음처럼 바뀐다.

"재민 님, 어제까지 약속한 업무를 마치지 못했습니다. 정말 죄송합니다.(1단계) 오늘 오후 4시까지는 완료해서 바로 연락드리겠습니다.(2단계) 앞으로는 프로젝트 일정에 차질이 없도록 더 꼼꼼히 챙기겠습니다.(3단계) 기다리셨을 텐데 미리 말씀 못 드린 점도 다시 한 번 사과드립니다."

실수를 기회로 바꾸는 프로의 사과법

'죄송합니다'를 반복하면 스스로 위축되고, 자신감마저 흔들릴 수 있다. 같은 마음을 전하더라도 표현을 조금 바꾸는 것만으로 나의 에너지와 품격을 지킬 수 있다. 실수의 무게와 상황에 따라 다음 표현을 활용해 보자.

"깊이 반성하고 있습니다."(진심을 전할 때)
"그 부분은 즉시 시정하겠습니다."(빠른 조치를 약속할 때)
"실수하지 않도록 더 신경 쓰겠습니다."(의지를 보여줄 때)
"너그러이 이해해 주셔서 감사합니다."(배려에 감사할 때)

실수는 누구나 한다. 하지만 그 실수를 처리하는 방식이 자신의 품격과 가치를 결정한다. 정중하게 사과의 말을 한다해도 반복해서 사과할 일을 만들면 신뢰하기 어렵다. 애초에 사과할 일이 생기지 않도록 노력해야 한다. 사과의 순간을 신뢰 회복의 기회로 만드는 것, 그것이 바로 일 잘하는 사람의 위기관리 능력이다.

04

✦

보고할 때 챙겨야 할 것은 자료가 아니라 이것!

✦

✦

　명절 연휴 기간, 급한 코칭 요청이 들어왔다. 얼마 전 팀장으로 승진한 그녀는 상사 앞에서 보고만 하면 심장이 터질 것처럼 떨린다고 했다. 특히 상사의 "그래서 하고 싶은 말이 뭐야?"라는 핀잔에 자신감을 잃고 있었다. 팀원일 때는 누구보다 잘나가는 인재였는데, 팀장이 되니 무능해진 것 같아 답답하다고 했다.

　이는 결코 드문 고민이 아니다. 보고를 어려워하는 사람들의 공통점은 '사실 나열식 보고'를 한다는 것이다. 복잡한 데이터를 잔뜩 늘어놓으면, 상사는 머릿속에서 길을 잃고 짜증을 낼 수밖에 없다. 애플의 디자인 철학 중 유명한 말이 있다.

"단순함은 궁극의 정교함이다."

보고도 마찬가지다. 상사가 원하는 것은 복잡한 데이터 미로가 아니다. 지금 어떤 상황이고, 무엇을 해야 하는지 알려주는 선명한 GPS가 필요할 뿐이다. 이때 유용한 대화법이 바로 '프렙PREP'이다.

보고의 정석, PREP 구조

프렙은 내 생각을 명료하게 정리하고, 듣는 사람이 쉽게 이해하는 강력한 대화법이다.

- P (Point, 결론): 가장 중요한 핵심을 먼저 말한다.
- R (Reason, 이유): 왜 그런 결론이 나왔는지 간단히 설명한다.
- E (Example, 사례): 구체적인 사례를 들어 이해를 돕는다.
- P (Point, 결론): 핵심을 다시 한 번 강조하며 마무리한다.

상사가 원하는 보고는 팀원의 업무일지가 아니라, 성확한 결론과 이후 해야 할 일에 대한 안내다. 상사의 몸은 편해 보일지 몰라도 머릿속은 항상 바쁘다. 내 업무의 모든 과정이 아니라 '그래서 무엇을 결정해야 하는지'가 궁금할 뿐이다.

구체적인 예시로 살펴보자. 고객에게 상품이 파손된 채 배송되었고, 고객이 매우 화를 낸 상황이다. 이를 처리한 후 팀장이 궁금해할 핵심을 보고하는 상황을 가정해 보자.

나열식 보고

"팀장님, 오늘 고객 클레임이 하나 있었어요. 고객님이 상품이 깨졌다고 막 화를 내면서 전화가 왔는데요. 배송팀에 알아보니까 진짜로 깨진 상품이 갔더라고요. 일단 제가 죄송하다고 사과하고, 새 제품 내일 다시 보내드리기로 했습니다. 처리는 잘 끝났습니다."

프렙식 보고

(P) "팀장님, 오늘 상품 파손으로 클레임이 있었지만 모두 처리 완료된 상태입니다."

(R) "배송 과정에서 상품이 손상된 것으로 확인돼서 즉시

사과드리고 새 제품을 보내드리기로 했습니다."

(E) "해당 고객님이 오늘 바로 상품이 꼭 필요하셨던 터라 처음엔 화가 많이 나셨지만, 빠른 조치에 만족하셨습니다."

(P) "재발 방지를 위해 배송팀과 품질관리 프로세스를 논의 중이고, 정리되는 대로 다시 보고드리겠습니다."

보고의 완성은 완벽한 타이밍이다

보고를 못 하는 사람일수록 불필요한 눈치를 자주 본다. 하지만 프렙식 보고를 하면 그럴 일이 없다. 다만, 한 가지 꼭 챙겨야 할 센스가 있다. 바로 상사의 지금 상황이 보고받기에 적합한지 타이밍을 살피는 눈치이다. 아무리 완벽한 보고라도 상사가 바쁘거나 기분이 나쁠 때 하면 오히려 역효과만난다. 상사의 표정, 말투, 분위기를 빠르게 읽고 가장 적절한 타이밍에 보고하는 사람이 진짜 일 잘하는 사람이다. 정리하자면, 보고를 완벽하게 만드는 핵심은 두 가지다.

• 프렙으로 내용을 명료하게 정리할 것

· 상사의 상황과 타이밍을 고려한 센스를 챙길 것

상사의 신뢰를 받고 능력 있는 팀원으로 인정받고 싶은가? 명료한 프렙 보고법과 타이밍을 읽는 센스를 동시에 갖추자. 상사의 미소와 더불어 칼퇴가 따라올 것이다.

프렙식 보고 시나리오 작성하기

흔히 겪는 보고의 상황을 떠올려 보고, 프렙 구조에 맞춰 시나리오를 작성해 보자.

[예시] 마케팅팀장이 신규 채널(인플루언서와의 협업)에 예산 투입을 건의하는 상황.

1) P (Point - 결론)

"부장님, 다음 분기 마케팅 예산 중 10% 정도를 인플루언서와의 협업에 써 보면 좋겠습니다."

2) R (Reason - 이유)

"최근 기존 광고 채널 효과가 이제는 잘 오르지 않고 있어요. 저희 핵심 타깃층인 20대 고객들이 가장 자주 이용하고 신뢰하는 채널을 공략할 필요가 있습니다."

3) E (Example – 사례)

"실제로 경쟁사인 X 회사가 얼마 전에 인플루언서 도레미랑 협업했는데, 저희보다 돈은 세 배나 적게 쓰고도 앱 설치율이 두 배나 더 나왔거든요. 그래서 관련 데이터를 정리하고 ROI 예상치까지 같이 뽑아 봤습니다."

4) P (Point – 결론)

"다음 분기엔 마케팅 예산의 10%를 인플루언서와의 협업에 투입해 새로운 성장 동력을 찾아보고 싶습니다. 긍정적으로 검토 부탁드립니다."

나의 기록 ✏️

상황

P (결론) --

R (이유) --

E (사례) --

P (결론) --

05

✦

거절에도 디테일이 필요하다

✦

✦

"퇴근 후에 한잔할까?" 하는 소소한 제안부터 커리어가 걸린 새로운 업무까지, 일하다 보면 거절할지 말지 결정할 일이 자주 생긴다. 이때 우리는 두 가지 함정에 빠진다. 'No'를 못 해서 과중한 업무에 시달리는 예스맨이 되거나, 가차 없이 'No'를 외쳐 비호감으로 찍히는 철벽 수비수가 되는 것이다. 거절당할 때마다 쉽게 상처받는 유리 멘탈도 있다. 우리는 종종 이 세 유형의 바보 중 하나가 된다.

거절에 대한 흔한 착각은 부탁에 대한 거절을 나에 대한 거절과 동일시한다는 것이다. 그래서 부탁을 거절하면 내가 나쁜 사람이 되는 것 같고, 거절을 당하면 무시당하는 섯 같다. 하지만 거절은 감정 문제가 아니라 업무 우선순위를 정하는 문제다. 소설가 레이 브래드버리는 이렇게 말했다.

"거절을 받아들이는 법과 수락을 거절하는 법을 알아야 한다."

거절의 본질을 정확히 꿰뚫는 문장이다. 잠깐 감정이 불편하더라도 더 중요한 선택을 해야 한다.

최악의 거절 vs 최상의 거절

관계를 해치지 않으면서 자기 시간과 에너지를 지키는 똑똑한 거절의 원칙을 알아보자. 팀장이 세 명의 대리에게 새 프로젝트를 제안하는 상황을 생각해 보자.

팀장: "개발 2팀에서 넘어온 K 프로젝트, 한번 맡아볼래요?"

- 오 대리 (철벽 수비수)

"아니요, 팀장님. 지금은 안 됩니다. 제 업무가 이미 많습니다."

(너무 단호해서 팀장의 기분을 상하게 할 수 있다.)

- 공 대리 (예스맨 변종)

"아… 그 프로젝트요? 글쎄요, 제가 지금 하는 일이 좀 많긴 한데…, 어떻게 하죠?"

(모호한 태도로 팀장에게 희망 고문을 하고 자신의 우유부단함만 드러낸다.)

- 성 대리 (똑똑한 거절러)

"K 프로젝트가 중요하다고 들었는데 저에게 제안해 주셔서 감사합니다. 지금은 C 프로젝트 핵심 파트를 맡고 있어서 추가 업무는 어렵고요. 만약에 C 프로젝트 일부를 외주로 넘기거나 일정 조정이 되면 K 프로젝트를 할 수 있습니다."

(거절의 이유를 명확히 밝히면서 대안을 제시한다.)

성 대리는 어떻게 팀장의 기분을 상하게 하지 않으면서 자신의 상황을 명확히 전달했을까? 그가 사용한 거절의 3원칙은 다음과 같다.

1. 쿠션 언어로 시작하라: 제안에 대한 감사나 인정을 먼저 표현한다.
2. 명확히 거절하고 이유를 설명하라: 거절의 의사를 분명히 밝히고, 납득할 수 있는 객관적 이유를 덧붙인다.
3. 긍정적인 대안을 제시하라: 대안을 제시하며 문제 해결 의지를 보여 준다.

최상의 거절은 'No'에서 끝나지 않는다. "대신 ○○은 어떨까요?" 또는 "만약 ○○이라는 조건이 해결된다면 가능합니다."처럼, 대안을 제시하는 것은 내가 이 문제를 함께 해결하고 싶다는 의지를 보여 주는 증거다.

내 가치를 높이고 관계도 지키는 정중한 거절

거절을 못 하는 순간, 나의 가치는 무한 리필 커피처럼 떨어진다. 때로는 의식적인 거절을 통해 자신의 희소성을 지켜야 한다. 정중한 'No'가 'Yes'를 더욱 가치 있게 만든다.

상대가 안도하는 거절법

거절 받는 상대가 오히려 안심하도록 만드는 방법이 있다. 상대에게 더 좋은 대안을 제시하면 내 가치를 높이고 상대방을 배려할 수 있다.

"아, 제가 맡으면 제대로 하기 어렵겠어요. 오히려 이 일을 B 씨가 맡으면 더 좋은 결과가 나올 것 같아요."

스토리가 담긴 거절

좋은 거절에는 이유가 아니라 '스토리'가 담겨 있다. 핑계가 아닌 진솔한 경험담은 상대의 납득과 공감을 훨씬 쉽게 얻어낸다.

"예전에 두 가지 일을 동시에 맡았다가 클라이언트 미팅에서 중요한 자료를 빠뜨린 적이 있어요. 그때 이후로는 내가 감당할 수 있는 선인지 생각하게 됐어요."

부드러운 시간차 거절

때로는 한 템포 신중함을 얹은 타이밍이 좋다. 즉각적인 'No'보다는 짧은 시간차를 두고 생각한 뒤 거절 의사를 전달한다. 상대의 감정적 부담도 덜어 주고, 나에 대한 신뢰도 높이는 방법이다.

"잠시 고민해 봐도 될까요?"

일을 똑 부러지게 하는 사람들 중에서 거절하지 못해서 일을 쌓아 두는 경우가 많다. 업무 처리 능력이 뛰어나면 일이 몰릴 수밖에 없다. 적절하게 거절하지 못하면 일은 쌓이고, 그 스트레스는 까칠함으로 드러난다.

일과 관계의 균형을 잘 맞추는 사람은 거절을 통해 중요도가 높은 일에 집중한다. 거절을 당할 때도 상처받지 않는다. 거절이 나를 부정하는 게 아니라, 지금의 상황을 설명하는 것임을 잘 알기 때문이다. 상대의 입장을 헤아리며, "괜찮습니다. 신경 써 주셔서 감사합니다."라고 말할 수 있는 사람, 그런 사람이 관계와 성과를 모두 지킬 수 있다.

06

✦

관계를 지키고 나를 성장시키는 피드백의 정석

✦

✦

신입 사원 시절이었다. 회의 준비하느라 커피를 탔다. 종이 설탕 스틱을 툭 부러뜨려 컵에 털어 넣는 모습을 본 팀장이 말했다.

"그렇게 하면 좀 예의 없어 보여."

순간 얼굴이 화끈거렸다. 속으로 '평소 습관대로 했을 뿐인데, 이런 사소한 것까지 지적하나?' 싶었다. 그 일을 계기로 설탕 봉지를 그렇게 다루지 않았고, 회사에서는 행동 하나하나에 더 신경 쓰게 됐다. 나는 그 경험에 '설탕 봉지 피드백의 교훈'이라는 이름을 붙여서 오래 기억하고 있다.

시간이 지나 돌아보면, 내 일과 태도를 바꿔 놓은 건 누군가의 칭찬이나 격려만이 아니었다. 오히려 불쑥 들어온 '찔리는 한마디'들이 나를 더 성장시켰다. 빌 게이츠는 이렇게 말했다.

"우리에게는 모두 피드백해 줄 사람이 필요하다. 그것이 우리가 발전하는 방법이다."

성장을 위해 쓴소리는 필요하다. 하지만 모든 피드백이 좋은 결과를 보장하지는 않는다. 말투나 방식이 서툴면, 아무리 옳은 말이라도 관계를 멀어지게 만든다. 설탕 봉지 피드백으로 나의 행동은 바뀌었지만, 그 장면이 고마운 기억으로 남지는 않았다. '어떻게 피드백하느냐'에 따라 그 사람과의 관계, 내 마음속에 남는 감정은 전혀 다른 결과를 만든다.

모호한 지적은 누구도 성장시키지 않는다

피드백은 업무 과정에서 문제를 발견하고 개선 방향을 찾는 가장 효과적인 방법이다. 하지만 방식이 잘못되면 팀워크에 금이 가고, 오히려 갈등을 키울 수 있다. 요즘 직장에서는 "피드백 주세요.", "피드백해 드릴게요." 같은 말이 하루에도 몇 번씩 오간다. 이 말을 안 하면 일이 안 돌아갈 정도다. 그렇지만 우리는 대부분 피드백 방법을 정식으로 배운 적이 없다. 입에서 입으로 전해오는 옛이야기가 대를 이어 내려오듯이, 선배나 상사에게 들었던 방식 그대로 누군가에게 피드백을 건넨다. 하지만 그 방식이 효과적이라고 믿을 근거는 없다. 예를 들어, 이런 피드백을 들어본 적 있을 것이다.

"오늘 발표에서 경쟁사 비교 통계가 좀 부실하던데요. 왜 그렇게 준비했어요? 다음엔 제대로 해 주세요."

이 말에는 세 가지 문제점이 있다.

첫째, "부실하다"라는 말은 구체성이 떨어져서 뭐가 부속

했는지 알기 어렵다.

둘째, "왜 그렇게 했냐"는 말은 감정 섞인 비난처럼 들리기 쉽다.

셋째, "다음엔 제대로 해"라고 하는 건 심적인 압박만 줄 뿐이다.

이런 피드백은 문제 해결보다 감정을 건드리고, 방어적인 태도를 유발하기 쉽다. 그리고 이런 대화가 반복되면, 팀워크도 금세 삐걱댄다.

그렇다면 감정을 상하게 하지 않으면서도 결과를 끌어올리는 피드백은 어떤 모습일까? 세계 최고의 창작 집단 픽사는 여기에 해답을 보여 준다. 픽사의 성공 비결로 꼽히는 '브레인트러스트Braintrust' 회의가 바로 그것이다. 이 회의에는 감독, 작가 등 최고의 전문가들이 모여 아직 미완성인 작품을 보고, 계급장 없이 솔직하고 날카로운 피드백을 주고받는다.

브레인트러스트의 핵심 원칙은 사람이 아닌 문제를 공격하는 것이다. 그들은 "왜 그렇게 준비했어요?"라고 개인을 비난하는 대신, "이 장면의 스토리가 관객을 설득하지 못하는 것 같다."라고 문제 자체를 지적한다. 모든 피드백은 '영화를 더 좋게 만들자!'라는 공동의 목표를 향한 제안일 뿐이며, 함께 해결책을 고민한다.

신뢰를 쌓고 상대를 성장시키는 피드백 3단계

퍼즐 한 조각이 전체 그림을 완성하듯, 작은 피드백 하나도 제자리에 정확히 맞아야 개인의 성장과 팀의 성과로 이어진다. 다음 세 단계를 기억하자.

1단계. 긍정으로 시작하기 - 말문을 여는 쿠션

상대의 노력이나 긍정적인 부분을 먼저 언급하며 마음의 문을 열게 한다.

2단계. 사실에 기반해서 전달하기 - 객관적으로 관찰한 포인트

나의 감정이나 생각이 아닌 객관적인 사실과 관찰을 전달한다.

3단계. 함께 대안 찾기 – 건설적인 방향 제시

개선 가능성을 제시하면, 피드백은 성장의 기회가 된다.

이 구조를 적용하면, 같은 상황도 전혀 다르게 들린다.

"오늘 발표 전반적으로 좋았어요.(1단계) 다만 경쟁사 비교 부분에서 통계 자료가 조금 부족했는데,(2단계) 최근 3개월 치 통계를 추가하면 완성도가 더 있을 것 같아요.(3단계) 준비하느라 고생 많았어요."

피드백을 듣는 입장에서도 훨씬 수용하기 쉬운 구조다. 이런 피드백은 문제점을 고쳐야겠다는 의욕이 생기게 만든다.

피드백을 받을 때는 사실에 주목하라

피드백을 잘하는 것만큼 중요한 게 바로 '받는 태도'다.

내게 설탕 봉지 지적을 했던 팀장은 사실 불편한 상사였다. 작은 것까지 꼬치꼬치 따졌기에 '이분, 나 싫어하나?' 하는 생각도 했다. 그런데 몇 년 후, 그는 다른 회사로 자리를 옮기면서 나에게 손을 내밀었다. 그의 시시콜콜한 피드백에 내가 부정적인 반응을 했다면 그렇게 했을까?

완벽한 말투로 피드백하는 사람은 드물다. 그렇다고 그 안에 담긴 핵심 메시지까지 흘려보내선 안 된다. 피드백을 받을 때는,

- 말의 뉘앙스보다, 그 안에 담긴 메시지를 듣자.
- 듣기 불편한 말일수록, 감정보다 사실에 주목하자.
- 반응보다 숙고가 먼저다. 생각을 정리할 시간은 늘 필요하다.

누군가의 말이 거칠고 날이 서 있더라도, 그 안에 나를 성장시킬 힌트가 있을 수 있다. 피드백을 감정 대신 데이터로 받아들이는 사람이 결국 성장한다.

피드백 표현 작성하기

직장에서 자주 하는 피드백 표현 또는 자주 듣는 피드백 표현을 써 보자. 피드백할 때 자신은 주로 어떻게 하는지, 주변 사람들은 어떻게 피드백하는지 관찰하는 시간을 가져 보자.

[예시]

내가 자주 하는 피드백 표현

"결론부터 말씀해 주세요."

"그래서, 해결책이 뭔가요?"

"한 번 더 확인해 주시겠어요?"

내가 자주 듣는 피드백 표현

"그래서, 진행이 어디까지 됐어요?"

"무슨 뜻인지 이해가 안 되는데, 한 번 더 설명해 주시겠어요?"

"좋은 아이디어네요. 구체적인 방법은요?"

나의 기록 ✏️

내가 자주 듣는 피드백

나를 업시킨 피드백

나를 다운시킨 피드백

내가 자주 하는 피드백

07

✦

좋은 평판을 부르는 치트키 5가지

✦

✦

한창 해외 출장이 많던 시절, 항공사 마일리지가 눈에 띄게 쌓였다. 목적 없이 쌓아 두었던 그것들이 어느 순간, 국내선 항공권이나 가까운 해외 여행지의 항공권으로 바뀌어 돌아왔다. 마일리지가 쌓일 때는 존재감이 없지만, 필요할 때 얼마나 큰 혜택을 주는지 그때 실감했다. 직장 생활 속 평판도 그렇다. 당장은 별일 아닌 것처럼 보이지만, 꾸준히 쌓이면 언젠가 반드시 보상처럼 돌아온다. 눈에 보이지 않는 자산이지만, 결정적인 순간에 나의 가치를 증명하는 가장 강력한 무형의 추천서가 된다.

솔직히 고백하자면, 나의 마지막 직장 생활에서 평판 마일리지는 텅 비어 있었다. 별점으로 따지면 5개 만점에 2개 정도. 내 일만 잘하면 그만이라는 좁은 시야에 갇혀, 평판이라는 개념 자체를 대수롭지 않게 여겼다. 상사의 피드백은 무시했고, 동료의 도움은 당연하게 받았다. '잘한다'라는 말은 들어도, '같이 일하고 싶다'라는 말은 듣지 못했다.

직장을 그만두고 나서야 성과만큼이나 평판이 오래 남는다는 사실을 깨달았다. 좋은 평판은 단지 이미지를 좋게 만드는 것을 넘어 승진을 앞당기고, 중요한 기회가 먼저 찾아오는 결정적 요인이 된다.

평판이 좋은 사람들의 말 습관 5가지

평판이 좋은 사람들은 성실하고 책임감이 강한 것은 물론이고, 특별한 언어 습관을 가지고 있다. 그들이 무의식적으로 사용하는 '좋은 평판을 부르는 치트키'는 다음과 같다.

1. 칭찬보다 응원과 지지의 말을 한다

칭찬도 값지다. 하지만 칭찬은 대개 결과가 나온 뒤에 하는 말이다. 반면, 평판이 좋은 사람은 과정 중에 상대의 가능성에 지지를 보낸다. 응원과 지지의 말은 단순한 격려를 넘어, 상대에게 '심리적 안전지대'를 만들어 준다.

"잘하고 있습니다. 응원하겠습니다."
"정말 든든합니다. 늘 믿고 있어요."
"지금도 충분히 잘하고 있어요."

시윤 : "이 발표는 좀 부담돼요."
온유 : "그러게요. 쉽지 않겠어요."
→ "그럴 수 있죠. 하지만 시윤 님이라면 충분히 잘하실 거예요."

2. '고맙습니다'에 '덕분에'를 덧붙인다

감사 인사보다 더 강력한 신뢰를 주는 말이 있다. '덕분에'라는 말이다. 상대를 단순한 조력자가 아니라, 내 성공에 기여한 주역으로 만들어 준다. 감사는 '누구 중심의 시선인가'에 따라 깊이가 달라진다.

"기람 님, 자료를 미리 챙겨 줘서 정말 고마워요. 덕분에 발표 준비 시간을 두 시간이나 벌었어요."

3. 상대방의 생각을 먼저 물어본다

자기 의견을 말하는 건 쉽다. 하지만 좋은 평판은 내 생각을 말하기 전에 상대의 생각을 먼저 물어보는 태도에서 만들어진다. 이 말은 설득하려는 말이 아니라, 이해하려는 말이다. 경청은 기술이 아니라 태도다.

"그렇게 생각하시는군요."
"제가 제대로 이해한 게 맞을까요?"
"왜 그렇게 느끼시는지 여쭤봐도 될까요?"

민건 : "일정 바꾸는 건 좀 어렵지 않을까 싶어요."
노엘 : "일정을 바꿔야 문제가 없을 것 같은데요."
→ "아, 그렇게 생각하시는 이유가 있을까요? 어떤 부분이 걱정되세요?"

4. 혼자서 낼 수 없는 시너지의 순간을 제안한다

평판 좋은 사람들은 협업 제안이 빠르다. 자기 일만 챙기지 않고, 상대의 업무 흐름도 살핀다. 협업 제안은 단순한 친절이 아니라, 함께 성과를 낼 수 있는 사람이라는 인상을 만든다.

"혹시 제가 도와드릴 부분 있을까요?"
"이거 같이 해 보면 더 재밌을 것 같아요."
"이 일은 우리 둘이 하면 더 빨리 끝날 것 같은데요?"

예린 : "콘텐츠 기획이랑 댓글 관리까지 다 하려니까 하루가 너무 짧네요."
서준 : "아, 이번에 이벤트 때문에 댓글이 좀 많은가 보네요."
→ "아, 그렇겠네요. 혹시 제가 도와드릴 부분 있을까요? 내일까지는 오후에 시간을 좀 낼 수 있어요."

5. 존중과 예의로 적정한 선을 지킨다.

평판 좋은 사람은 단순히 존댓말만으로 예의를 다했다고 여기지 않는다. 진짜 존중은 가까워지려 애쓰기보다 경계를 지키는 데서 시작된다. 적정한 거리를 지키는 사람은 언제나 함께 일하기 편한 사람이다. 이를 위해 반드시 지켜야 할 3가지가 있다.

첫째, 말끝에 반말을 섞지 않는다.
둘째, 무례한 농담으로 선을 넘지 않는다.
셋째, 호칭은 정확하게 부르고, 말투에 감정을 싣지 않는다.

평판으로 신뢰를 적립하라

마지막 직장에서 평판이 썩 좋지 않았던 나는 사업을 할 때는 전혀 다른 평가를 받았다. 큰 광고 없이도 일이 끊이지 않았고, 클라이언트들이 자발적으로 새로운 고객을 소개했다. 평판의 힘을 실감한 뒤로는 성과와 더불어 사람에게 집중했고, 결국 더 좋은 결과로 이어졌다.

강력한 추천서는 결국 사람에게서 나온다. 말 한마디, 회의 한 번, 피드백 하나가 쌓여, 어느새 내 이름 앞에 '신뢰'라는 마일리지가 남는다. 하루에 쌓이는 1포인트는 사소해 보이지만, 1년, 2년이 쌓이면 예상치 못한 순간에 '기회'라는 이름으로 돌아온다.

지금 어떤 평판을 쌓고 있는가? 자신의 말투와 태도가 누군가의 마음속에 어떻게 기록되고 있는지 생각해 보자. 언젠가 찾아올 뜻밖의 기회를 위해, 오늘도 조용히 신뢰를 적립하자.

나를 각인시키는 일대일 미팅의 기술

나는 개인적인 대화에서 다대일보다 일대일을 선호한다. 상대에게 온전히 집중할 수 있고, 깊이 있는 이야기를 나눌 수 있기 때문이다. 그런데 직장에서는 달랐다. 팀원과의 일대일 대화는 지시로 끝나기 일쑤였고, 상사와의 일대일 미팅은 부담스럽고 피하고 싶은 자리였다. 한때 이 시간을 의도적으로 피하기도 했다. 하지만 어느 순간 깨달았다. 똑똑한 일잘러는 이 시간을 피하지 않는다는 것을. 오히려 그들은 일대일 미팅을 자신의 가치를 드러내고, 상대를 내 편으로 만드는 기회로 삼고 있었다.

일대일 미팅은 평가받는 시간이 아니다. 나를 증명하고, 관계를 만드는 절호의 찬스다. 단순히 묻는 말에 답하는 대화를 넘어, 상대의 기억에 나를 각인시키려면 어떻게 해야 할까? 다음은 일대일 미팅의 고수가 되는 3가지 기술이다.

1. 나만의 안건 준비하기

미팅에 맨몸으로 들어가지 마라. 상사가 궁금해 할 것 외에 내가 꼭 전하고 싶은 이야기를 세 가지 정도로 미리 정리해 가자. 업무 성과, 고민, 성장 의지를 적절히 섞어 전하는 것이 좋다.

"팀장님, 지난번에 조언해 주신 부분 덕분에 이번 기획안에서 좋은 피드백을 받았습니다."

(작은 성과 공유 + 감사 표현)

"이번 프로젝트에서 두 가지 방향 중 어느 쪽이 나을지 고민 중인데요, 팀장님이 유사한 프로젝트 경험 있으시죠? 어떤 방향이 나을까요?"

(현명한 도움 요청 + 상호 신뢰 구축)

"최근 발표 스킬을 더 키우고 싶어서 스피치 강의를 듣고 있습니다. 다음에 팀 발표가 있을 때 제가 한번 해 보고 싶습니다."

(성장 의지 표현 + 역할 확장 요청)

2. 보고가 아닌 상의의 태도 보여 주기

일방적인 보고는 나를 단순한 실행자로 보이게 한다. 일대일 미팅은 '지시-수행'의 구조가 아닌, '협의-해결'의 구조로 바꿔야 한다. 상사를 문제를 함께 푸는 파트너로 인식하게 만들면, 신뢰와 존재감 모두 높아진다. 다만, 사소한 일까지 지나치게 자주 상의하면 오히려 피로감을 줄 수 있다.

"고객 피드백은 정리했고, 개선안은 다음 회의 전까지 보고드리겠습니다."

→ "고객 피드백 중 불만이 많았던 UI 부분은 이렇게 바꿔 보려합니다. 팀장님 혹시 더 좋은 아이디어 있으세요?"

3. 업무 이야기에 나의 이야기를 살짝 섞기

나의 개인적인 관심사, 가벼운 고민, 소소한 주말 이야기를 덧붙이는 것은 인간적인 매력을 어필하는 좋은 방법이다. 물론, 너무 길어지지 않도록 1분 이내로 끝내는 센스가 필요하다.

"주말에 전시회 다녀왔는데, 거기서 본 콘텐츠 구성 방식을 다음 디자인에 활용하면 좋겠더라고요. 꽤 신박했어요."

"저는 요즘 출근 전에 한 시간씩 조깅을 시작하고 있는데요. 참좋네요. 팀장님은 저녁에 운동 계속하시죠?"

이처럼 '사람'이 보이는 대화는 오래 남는다. 팀장도 마찬가지다. 팀 전체를 이끄는 데 집중하다 보면, 정작 가장 중요한 걸 놓치기 쉽다 하지만 중요한 것은 바로 한 사람 한 사람과의 관계다.

나는 두 번째 직장에서 함께한 팀원들과 20년 넘게 관계를 이어오고 있다. 사업을 하며 만난 고객사 담당자들과도 친구가 되었다. 직장은 돈을 버는 곳이기도 하지만, 인생의 가장 큰 자산인 사람을 얻는 기회이기도 하다. 나는 20, 30대 청년들에게 강연할 때 꼭 이 말을 전한다.

　"월급은 한 달을 살게 해 주지만, 사람은 평생을 함께합니다. 직장에서 친구와 멘토를 만드세요. 그것이 가장 가치 있는 자산이 됩니다."

　기다리지 마라. 상사에게 자주 보고할 일을 만들고, 배울 점이 많은 동료에게 먼저 커피챗을 제안해 보자. 사소해 보이는 짧은 일대일 미팅으로 상대가 나를 다시 보게 될 수 있다.

말의 한계를 넘으면 행복이 있다

　그동안 나는 수많은 도전을 하며 살아왔다. 어릴 적부터 소심하고 나약했던 나를 변화시키고 성장시키기 위해, 남들보다 조금 더 많은 노력을 해야 했다. 변화에는 좌절과 실패가 따르지만, 도전 없이는 성장도 없다. 누구나 더 나은 내일을 꿈꾼다. 그런데 왜 도전하지 못할까?

　어릴 때부터 작가가 되는 것이 꿈이었다. 열아홉 살 무렵, 엄마와 함께 방송국에 갔다가 방송작가 한 분을 만났다. 엄마는 "우리 딸 꿈이 작가예요."라고 하며, 궁금한 게 있으면 물어보라고 했다. 하지만 나는 아무 말도 하지 못했다. 오랫동안 품었던 꿈이 눈앞에 현실로 다가오자, 두려웠다. 결국 마흔이 넘어서야 작가가 되었다. 글을 쓰는 삶이 참 좋다. 지루하고 외로운 순간도 있지만, 그조차도 행복하다. 그래서 좀 더 일찍 시작하지 못한 아쉬움이 크다.

나는 아기도 참 좋아했다. 어려서부터 "난 빨리 결혼해서 아이 셋 낳을 거야."라고 말하고 다녔다. 그런데 사업 실패를 겪고 마흔이 되었을 때, '이제는 엄마가 될 수 없겠구나' 하는 생각이 들었다. 그해 생일, 엄마와 단둘이 시간을 보내고 돌아오는 길에 엄마는 말했다.

"이제 좋은 사람 만나서 결혼하고, 애도 낳아야지. 애를 그렇게 좋아하는데…." 나는 웃으며 대답했다. "엄마, 내 나이가 몇인데 무슨 애를 낳고 키워…."

그때 엄마는 조용히 말했다. "지금은 백세시대야. 아직 안 늦었어. 자식은 인생에서 최고의 선물이야." 그리고 놀랍게도, 나는 정말 엄마가 되었다. 43살에 아들을, 45살에 딸을 낳았다. 엄마 말처럼 아이들은 내 인생에 가장 큰 선물이 되었다. 그때 엄마가 "그래, 어렵겠지."라고 말했다면 어떻게 되었을까?

우리는 종종 인생에 많은 한계를 둔다. '난 못 해', '이미 늦었어' 같은 말들이 '할 수 없다'라는 이유를 만들어 내며 수많은 기회를 놓치게 만든다. 지금 자신이 어떤 말로 자신을 제한하고 있는지 돌아보자. 에디슨은 이렇게 말했다.

"많은 인생의 실패자들은 포기했을 때 자신이 성공에 얼마나 가까이 있었는지 알지 못했다."

마지막 한 걸음에서 멈추지 말자. "나는 말을 못 해.", "나는 노력해도 잘 안 돼."라는 말로 자신을 스스로 가두지 말자. 말의 한계를 넘으면 꿈은 현실이 되고, 성공은 가까워지며, 진짜 행복이 시작된다. 변화를 두려워하지 말고 설레는 마음으로 오늘을 살아가자.

당신의 꿈과 그 너머에 있는 행복을 진심으로 응원한다.

2025년 뜨거운 여름에게 미소를 건네며

나의 네 번째 책을 함께 기다려 준 지홍, 시윤, 지안에게 사랑을 전합니다. 늘 나를 위해 기도하시는 아버지 신소석 님, 책을 좋아하는 취향을 물려주신 어머니 고(故) 정학수 님께 깊은 감사를 전합니다. 나에게 처음으로 조건 없는 사랑을 보여 주신 초등학교 5학년 담임 황재향 선생님께 그리움을 전합니다. 이 책을 위해 함께 고민하고 응원해 준 나의 자매, 친구, 가족들에게 고마움을, 변함없이 지지해 주시는 시부모님께 감사를 전합니다. 마지막으로 이 책이 세상에 나올 수 있도록 길을 열어 주신 하나님께 모든 영광을 돌립니다.